姿 势 活 动

——一本持续编写的书

［瑞士］埃斯特·克莱因－塔罗利
［瑞士］斯蒂芬·克诺贝尔 著

程萍 译

燕山大学出版社
·秦皇岛·

图书在版编目（CIP）数据

姿势活动：一本持续编写的书 /（瑞士）埃斯特·克莱因-塔罗利，（瑞士）斯蒂芬·克诺贝尔著；程萍译. -- 秦皇岛:燕山大学出版社，2024.9

ISBN 978-7-5761-0677-0

Ⅰ. ①姿… Ⅱ. ①埃… ②斯… ③程… Ⅲ. ①姿势②运动知觉 Ⅳ. ①G819②B842.2

中国国家版本馆 CIP 数据核字(2024)第 087167 号

姿势活动
——一本持续编写的书
ZISHI HUODONG

（瑞士）埃斯特·克莱因-塔罗利 （瑞士）斯蒂芬·克诺贝尔 著，程 萍 译

出 版 人：陈　玉			
责任编辑：刘馨泽			
责任印制：吴　波		封面设计：刘馨泽	
出版发行：燕山大学出版社 YANSHAN UNIVERSITY PRESS		电　　话：0335-8387555	
地　　址：河北省秦皇岛市河北大街西段 438 号		邮政编码：066004	
印　　刷：涿州市般润文化传播有限公司		经　　销：全国新华书店	

开　　本：787 mm×1092 mm　1/16		印　　张：6.25	
版　　次：2024 年 9 月第 1 版		印　　次：2024 年 9 月第 1 次印刷	
书　　号：ISBN 978-7-5761-0677-0		字　　数：126 千字	
定　　价：32.00 元			

作者介绍

Esther Klein-Tarolli

埃斯特·克莱因－塔罗利，瑞士护理专家，运动知觉学讲师，德国第一版《预防压疮护理标准》专家组委员之一。主要研究活动支持、辅具支持，并在多家医院及养老机构从事教学工作。

Stefan Knobel

斯蒂芬·克诺贝尔，瑞士护理专家，运动知觉学讲师，欧洲运动知觉学协会（EKA）共同创始人，生活质量基金会主席。致力于研究及推广运动知觉学知识，主张通过改善日常活动姿势，发现自主活动的无限潜能。

作者序

从体位摆放到姿势活动

　　长期的护理工作，让我有更多的机会与被照护者近距离接触，这些经历也促使我进行了很多超越医学本身的思考。例如：护理手法对被照护者的康复具有什么样的重要意义？护士通常是按照统一的护理标准来完成护理工作的，也因此受到了思想及行为上的束缚。实际上护士具有丰富的临床实践经验，可以提出创造性的解决方案，为被照护者提供更为丰富、有利于身心康复的个性化护理服务。

　　从事内科护理工作的 30 年间，我很幸运地得到了护理团队的理解、支持与帮助。对我在护理工作中产生的思想火花，总会有同事表示有兴趣，他们积极参与探讨，愿意接受我的建议并帮助我进一步优化方案。20 世纪 80 年代，我开始学习运动知觉学课程，并将其运用于护理工作；90 年代初，我开始进行支持辅具试验，这些都离不开同事们的支持。我非常感谢我的同事们，没有他们，我可能不会有勇气和毅力来发展"姿势活动"这一理念。

　　25 年前，我的一次护理经历促使我开始思考"护理标准"与"护理手法"间的矛盾。在一次夜班时，我们按照护理标准为一位患者进行标准的体位摆放，并用软枕支撑其背部，然而他却将枕头扔下床。我们再次为其进行标准体位摆放，他则再次扔掉支撑背部的枕头，就这样不断反复了整整 4 个小时。我不禁思考，到底是患者的问题，还是我们的护理手法不适合他？我开始意识到，人只要感到不舒服，就会不断调整姿势。这也让我恍然大悟，我们不能也不该仅按照标准摆放患者体位、固定姿势。我也开始关注支撑工具是否给患者带来不适，如支撑背部的软枕和支撑腿部及腘窝的硬枕。

我意识到问题所在,开始关注人的自主性及隐藏的活动潜力,并尝试使用楔形、条形和滚筒状垫子协助患者进行体位调整。

随后的 5 年里,我与同事们不断因人而异地调整患者的身体姿势,以支持患者的自主活动,在实践中进一步确立了"姿势活动"这一理念,并于 1999 年发表,使得"姿势活动"为更多人所知。

时光荏苒,我已步入老年,回顾过去的 20 年,"姿势活动"受到越来越多的关注,我们也不断发展"姿势活动"的理论及活动支持的手法。2002—2010 年这段时间对我们来说非常重要,2002 年,德国实施《预防压疮护理标准》,包括《个性化活动支持标准》。我与同事们按照行业标准要求,设定个性化活动支持方案,并于 2006 年出版《体位实用手册——从摆放姿势到支持活动》,于 2012 年出版《体位支持指南——护理实践的建议》,对"姿势活动"进行了详细阐述。

"姿势活动"就像一粒种子,只有不断发展才会保持活力。无论我在与不在,都希望它能继续发展下去,那么由谁来主持今后的工作呢?两年前的今天,我遇见了斯蒂芬·克诺贝尔(Stefan Knobel)。深思熟虑后,我逐步将"姿势活动"的研究及相应产品转交给他负责的生活质量基金会管理。他们不仅尊重已有的研究成果,并对未来保持着开放的态度。在这里,我找到了想要的一切——对研究项目充满兴趣、具有专业能力及实践经验、理念相通的一群人。这本《姿势活动》就是在这个环境中诞生的。

我相信,"姿势活动"会一直存在并发展下去,成为经过深刻思索及考验的护理实践成果。对于我来说,这是极大的幸福。

——埃斯特·克莱因 - 塔罗利

2021 年 8 月

思想在分享中成熟

这是一本"持续编写的书"。

从"体位摆放"到"体位支持"再到"活动支持",护理手法的变革历经了 25 年。彼时,埃斯特·克莱因－塔罗利(Esther Klein-Tarolli)尝试在护理实践中使用支持辅具,并提出"体位支持"这一概念。同一时期,1996 年,我发表了研究论文《卧床——如何活动》,分析超软床垫对被照护者活动能力的影响。经过 25 年的研究与实践,"支持被照护者活动"从粗浅的概念逐步发展为清晰的理论,并经过了大量护理实践的检验。

我们将目前对"活动支持"的见解集结成册,并以此开启"姿势活动"的新阶段。在《姿势活动》中,我们不仅关注理论背景,即控制论、运动知觉学、生物学、发展心理学及生物本体论的研究成果,还整合了众多护理人员的实践成果。他们将新的护理思路付诸实践,将其应用于生活及工作中并加以检验。因此,《姿势活动》一书是以科学证据与实践经验为基础的综合性研究成果。

运动知觉学创始人之一,约翰·格雷厄姆(John Graham)曾说过,"少借助外界支持,多关注自身平衡"。这句话也是"姿势活动"发展的思想基础。思想在不断分享及碰撞中成熟,因此我们愿意将"姿势活动"的理念分享与您,使其继续发展。

支持手法的质量是照护质量的关键,这取决于照护者的知识储备及能力,因此未来几年,我们将重点从以下三方面赋能照护者,以"教育理念"发展思想,以"学习平台"共享技术,以"支持辅具"完善产品。

——斯蒂芬·克诺贝尔

2021 年 8 月

译者序

在一个充满活力的运动知觉学论坛上，我有幸遇见了两位杰出的护理学前辈，埃斯特·克莱因－塔罗利和斯蒂芬·克诺贝尔。这不是一场倾听专家学者报告的传统式论坛，它邀请与会者亲身参与照护体验。您可以与相邻与会者互换角色，分别体验照护者与被照护者的日常生活及工作状态，并分享身心感受。那一刻我意识到，不同的照护方式，哪怕是看似简单的搀扶或者选择一个适合喝水的坐姿，都能显著影响被照护者的生活方式：或积极主动参与自己的日常生活；或被动地接受照护，逐渐丧失自主活动能力。

不同照护手法给我带来的不同感受，激发了我学习运动知觉学的热情。我从基础课程开始学习，直至获得运动知觉学培训师资格。2021 年，埃斯特·克莱因－塔罗利和斯蒂芬·克诺贝尔出版了德文版《姿势活动》，虽然字数不多，但却全面而深入地介绍了运动知觉学的科学基础、发展历史及其核心知识。两位老师还将自己一生的研究成果融入视频和音频中，引领各位读者一起体验身体活动方式与支持照护者活动质量的关系。

书中介绍的照护手法不再局限于"正确与错误"，不是简单指示被照护者的手和身体应放置何处，或是照护者应如何转身拉起被照护者。例如：压疮预防，不再是每隔两小时为被照护者翻身，而是如何运用运动知觉学的方法为被照护者创造活动空间，自主调整身体姿势。运动知觉学的核心理念在姿势活动中的应用犹如一个工具箱，目的是让照护者以全新的视角去观察和感受活动过程和活动质量，从而不断积累经验，提高每一位照护者的工作能力，从而提升被照护者的生活质量。

作为首位中文运动知觉学培训师，我想把这种新的照护理念及方法介绍到国内照护领域，有幸与燕山大学康养人才培训中心合作翻译该书，作为运动知觉学的国内培训教材。

在《姿势活动》德文版发行的三年后，中文版终将与读者见面。在此，再次感谢

燕山大学康养人才培训中心，以及应立娟老师在专业术语和知识点上的精准指导。这
是第一本关于运动知觉学的中文译本，希望能开启该专业在国内照护领域中的应用，
也希望与各位同人进一步交流。

——程萍

2024 年 4 月

概述

◇ 从"体位摆放"到"活动支持",本书概述了"姿势活动"的发展历程。

◇ 本书献给日常护理及照护工作中的思想探索者及实践研究者。

◇ 这不是一本护理标准手册,相反,它会让您惊叹于生命的复杂性和每个人的个性,激励您以好奇的心开始行动,探索自身活动潜力,支持被照护者探索并发展他们的活动潜力。

◇ 本书为您提供了目录作为阅读索引。您可以按目录顺序阅读本书,也可以根据自己的兴趣选择性阅读,我们也希望您能在照护工作中不断阅读本书以加深对"姿势活动"的理解。

目录

第一章 运动知觉学

◇ 运动知觉学是姿势活动的基础。

◇ 运动知觉学认为人是不断发展的个体，这种发展主要受到日常活动能力的影响。

◇ 日常活动是依靠自身的主动过程，其质量取决于自身的活动能力，如果能提高自身活动能力，人们就有更多的机会谋求多层次的发展。

◇ 个体发展也会受到外部条件的影响，或促进或抑制，但不是决定性因素，自身活动能力才是决定个体生活方式、生活质量及独立性的关键。

◇ 当被问及如何才能促进个体积极发展时，著名的控制论学者海因茨·冯·福尔斯特（Heinz von Förster）说："让你每一次的选择都具有更多的可能性。"

第一节 运动知觉学的科学基础

运动知觉学是在多学科理论研究基础上发展起来的新兴学科，其中最重要的是控制论，此外也参考了其他探索生命活动的科学理论，如社会学论、自创生理论、发展心理学论和生物本体论等。在此基础上，运动知觉学不断总结实践经验，创建出自己的学术研究体系。

运动知觉学是研究身体活动的学科，将身体活动体验加以总结，形成具有普遍性的理论知识，再将理论知识运用到实践上，进一步指导身体活动，从而增加身体活动能力，促进个体发展。这不仅是运动知觉学的研究方法，也是运动知觉学的学习方法。

控制论

1946—1953 年间的梅西会议（Macy Conference）上，诺伯特·维纳（Norbert Wiener）和一群科学家创立了控制论，并将其定义为"关于动物和机器中控制与通信的科学"。几十年来，基于控制论的设备通信和控制技术飞速发展，甚至研制出人工智能，对社会发展产生巨大的影响。

在控制论中，反馈理论是基石，即在控制过程中，系统会不断将输出返回给控制器，构成反馈回路。当系统输出不满足我们的期望时，我们将不断调整输入，直到达到想要的结果。运动知觉学正是在反馈理论的基础上发展起来的，认为身体活动的完成是一系列神经反馈过程，由感觉系统（输入）、神经系统（控制器）及运动系统（输出）组成，运动系统的动作不断返回至神经系统，构成反馈回路，每一个动作都成为新的刺激，由感觉系统输入，由神经系统整合并传输至运动神经元，诱发新的动作，直至身体达到合适的位置。

自创生理论

自创生理论由马图拉纳（Humberto R. Maturana）和瓦雷拉（Francisco J. Varela）于 1979 年提出。自创生理论的英文为 autopoiesis，由希腊语词根"autos"（自

我）和"poiein"（建立）组成，意指自我生产。该理论认为生命系统是自创生的（autopoietic），即生命系统可以通过自身的代谢活动来维持自身的存在和发展，我们可以也必须不断自我调整以求生存。但是我们要在低能耗的前提下完成自我调整，否则会对自身造成伤害。

运动知觉学认为，假设人类是自创生系统，通过自身的代谢活动来维持自身的存在和发展，那么生命就不是单一的状态，而是不断适应和发展的过程，我们可以通过调整身体活动方式来适应环境、促进自身发展。

生物本体论

这里提到的生物本体论指的是后科学时代的生物本体论，即社会生物学。社会生物学是 20 世纪 80 年代初兴起的学科，创始人是爱德华·O. 威尔逊（Edward O. Wilson），他将研究目标集中在人类社会行为形式的生物学基础上，提出基因-文化协同进化理论，认为生物进化与文化进化相互影响、互为动力，彼此驱动着前进。社会生物学在传统生物学观点，即个体在遗传上存在先天的发展倾向的基础上，进一步指出，许多更高级、更富社会性的行为的获得（如文化），也有深刻的生物学基础。因此，人是受生物、心理、社会三方面交织影响而发展的个体，身体与心理是相通且无法分割的。

运动知觉学认为，一个生命体从受精卵到死亡的个体发育史，是在遗传准则框架内完成的，在此基础上，日常生活及行为方式也是影响个体发育水平的重要途径。人们需要在日常生活中拥有这样的能力——有意识地活动，感知不同活动状态并主动调整活动方式，这样才能更好地发展。

第二节 生命的发展与循环反馈论

过去的几千年里，线性思维占据了人类文化的主导地位，至今仍是如此。线性思维是静态思维，无法诠释生命过程的动态变化。控制论学者应用反馈控制原理全新阐述了人类思维模式，即反馈思维。这一理论提供了循环思维模式，有助于人类思考个体与周围环境的关系，理解社会，观察及理解生命过程的复杂性。

线性思维

线性思维是一种单一的直线的思维方式，即当看待某种现象、某个问题时，习惯于用因果关系去推导，而忽视了整体性和系统性。我们可以用简单的模型来解释线性思维：A产生B，B产生C（见图1-1）。连接两种状态之间的重点是动词"产生"。如果用线性思维诠释生命过程，就是简单的因果关系，人类的发展过程是可预测的，也是可计划和可控的。然而这种一维的、缺乏变化的思维方式，以及沿着一定的轨迹寻求问题的解决方案已经很难再适应目前不断变化的生活。

图1-1 线性思维

循环思维

控制论学者在观察生命过程动态变化的基础上创造了循环思维模式，并将其引入科学领域。循环思维模型为：A影响B，B影响C，C又影响A（见图1-2）。在这个思维模型中，连接两种状态关系的重点是动词"影响"。循环思维是动态思维，初始变量，即事物的初始状态，会受到发展过程状态变化的影响，这是内循环的过程。

生命是动态发展的过程，无法预测、无法规划，甚至不能控制影响变化的因素。这种相互依存、互相影响的多维变化，更适合用循环思维模式来解释生活中的不稳定和不确定性。

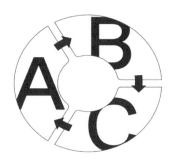

图 1-2 循环思维

生命的循环反馈过程

生命不是一种静止的状态，而是多系统自我控制的动态循环过程。各系统的动态循环过程也会相互作用、相互影响。例如：人体的体温调节过程，腋下温度标准值为36.5℃，但这不是固定不变的数值，温度感受器不断接受内外环境温度的刺激，通过体温调节中枢的活动，调控机体产热及散热过程，将体温维持在相对恒定的水平——36 ~ 37℃之间，这就是典型的反馈控制系统。因此，生命是各个系统间相互作用、循环反馈，以保持机体功能动态平衡的过程。身体活动也是各系统间循环反馈的动态平衡过程。

我们来思考这样的问题："人是如何站立并保持姿势的。"

很多人都会这样回答："我从小就学会了站立，并形成神经反射。大脑给身体下达站立的指令，我就站起来了。"这是典型的线性思维方式，认为身体活动是大脑皮层与运动系统的因果关系。这种解释是不全面的，因为保持姿势并不是完全静止不动，而是不断调整身体重心，以保持动态稳定的状态。因此，我们可以用循环思维思考这个问题。站立是一个复杂的过程，包括运动系统——执行运动调控中枢的运动指令（站立），通过骨骼肌收缩完成动作；感觉系统（听觉、前庭觉及本体感觉）——在运动执行过程中，不断获取身体重心位置并反馈至运动调控中枢；神经系统（运动调控中枢）——根据反馈信息及时纠正运动偏差，使执行的信息不偏离预计的轨迹，对抗地球重力场的引力，将身体重心保持在两足之间，不至于倾斜。

由此可见，身体活动属于反馈系统，在运动系统、感觉系统和神经系统间循环互动、相互影响（见图1-3）。循环反馈的功能越精细，运动系统、感觉系统和神经系统的发展也越精细。

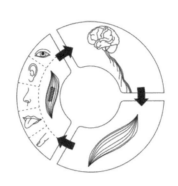

图 1-3 人体活动的循环反馈过程

第三节 日常活动对生活质量的影响

生命的个体发展是有差异性的，不仅仅是因为每个人的个体基因（遗传）不同，更与个体的日常活动能力密切相关。为了生存及发展，我们每天都要完成一系列日常活动，如坐卧行走、穿衣吃饭等，这些日常活动，哪怕是拿起勺子这样简单的动作，都是需要大脑皮层控制的，同样需要运动系统、感觉系统、神经系统的循环反馈控制。循环反馈的功能越精细，各系统的发展也越精细，完成动作的质量也越高，进而可提高个体的发育水平。

实际生活中，很少有人关注日常生活中的活动，因为这些动作早已和呼吸一样成为"本能"。我们会行走，但并不关注是如何行走的；我们会起床，但并不关注是如何起身的。只有在脚踝受伤或者腰痛的时候，才会考虑如何迈步才能减轻受伤脚踝的压力，怎样转动身体才能既起身又不会腰痛。依靠本能的活动是不能更多地收集身体及外部信息，以调动运动调控中枢指挥相应的骨骼肌收缩的。长期的不良姿势或者不恰当的活动方式会造成运动损伤，如久坐会导致背部肌肉紧张、疼痛或身体其他部位的不适，频繁弯腰拿重物会导致腰椎间盘突出等。在活动中，若我们能有意识地改善活动方式，就可以减少或者避免运动损伤，个体健康就会朝着积极的方向发展，晚年时期就会有更大的可能性保持敏捷与独立，就更加富有创造性及灵活性（如能更好地处理压力）且具有更强的适应能力，生活质量就会更高。

因此，"有意识地活动"是促进多系统功能发展、增强身体活动能力、提高生活质量的重要方式。

"有意识地活动"并不强调姿势的正确性，而是更注重个体对自我日常活动的感受，如活动中的肌肉张力变化、是否有疼痛不适等。它主张反复探索活动本身带来的身体感受，不断刺激运动调控中枢进行更为精细的运动指示，让活动更适应当下的环境及身体状态。例如：同样是起床，我们可以体验不同的起床方式，有意识地关注不同活动状态下的身体感受，在自身力量减弱、平衡能力下降或者身体疼痛等状态下，可以主动调整动作，选择最为轻松、安全的起床方式。日常活动的质量可以在短期、中期甚至长期范围内影响个体的生活质量。每个人都是自己生命航向的掌舵人，我们不能被风浪所左右，要凭借自己的经验和感知力调整自身活动方式，以适应各种环境，不受伤害，促进自身发展，主动、积极地塑造未来。

第四节　运动知觉学的学习方法

运动知觉学的英文为 kinesthetic，其词根由"kine"（运动）和"esthes"（感知）组成，是研究通过建立身体活动意识，增强感觉、运动、神经系统反馈功能，改善日常活动能力，促进个体健康发展的学科。

运动知觉学的研究范畴

运动知觉学是应用型学科，主要研究以下内容：

● 如何培养自我活动意识，做到有意识、有区别地感知、理解和描述自身活动。

● 如何培养多元化的活动方式，拓展自我活动能力，促进个体发展。

● 如何利用自己对身体活动的理解，灵活应对职业挑战，避免职业伤害，保持身心健康。

● 如何设计不同环境下的活动体验，培养将身体活动的感性认识上升为理性认识的能力。

● 如何帮助人们了解自身活动方式、行为方式对个体长期发展的影响。

● 如何支持残疾人及身体活动受限人群发展自主活动能力。

运动知觉学的学习方法

我们经常用一些基础术语来描述某些过程，如汽车发动机是如何工作的，或者电流是如何让灯泡亮起来的，但是理解和描述我们的自身活动则要困难得多。运动知觉学从六个不同的维度对日常活动进行研究和分类，将活动体验转化为文字，便于自己及他人理解，即运动知觉学的六个核心要素（见图1-4）——功能解剖、运动方式、用力方式、人体功能、周边环境、交流互动。这些描述性语言不是从书本上学到的，而是学习者在体验活动中总结出来的。例如：翻身动作，学习者需要从这六个方面分别阐述身体感受，包括不同姿势下身体的重心位置、连接部的活动方式、准备姿势、运动方向、受力位置、重心转移过程、床垫软硬度及身体在床上的位置对翻身动作的影响、在协助被照护者翻身过程中采用何种方式进行沟通、如何判断被照护者状态并引导其寻找更为适合的活动方式等。所有与活动相关的细节均需详细记录，要不断积累、总结自身活动经验，将感性认识上升为理性认识，进一步指导不同环境及状态下的自身活动以及协助被照护者活动。

活动体验是利用六个核心要素学习运动知觉学的必经途径，需要经过三个阶段的训练。第一阶段是学习者的自我身体活动体验，第二阶段是学习者之间互相进行协助性身体活动体验，第三阶段是协助被照护者进行身体活动。在照护工作中遇到的任何问题，都可以返回第一或者第二阶段，重新感受并总结身体活动方式，加深对运动知觉学的理解。

图 1-4 运动知觉学的六个核心要素

第二章 姿势活动

◇ 人不能不活动。

◇ 姿势是身体为对抗重力不断自我调整的动态平衡过程，而不是一种静止的状态。

◇ 这种自主调整身体位置的方式称为"姿势活动"。

◇ 姿势调整是身体活动的基础。

◇ 人是具有生物、心理、社会多重特性的生命体，遵循生命本质，引导被照护者主动调整姿势，成为以人为本的新型护理方式。

第一节 姿势活动的概念及意义

没有绝对的静止，人不能不活动。为了更好地理解姿势活动的概念，我们首先进行个人活动体验，感受我们是如何保持站姿的。

站姿个人体验

体验目的：

日常生活中，人们无意识地调整或主动校正身体的姿势，已成为自然、习惯性的身体活动。因此，运动知觉学需要设定某种体验环境，帮助学习者有意识地关注自身变化，验证身体活动的过程。

体验步骤：

● 闭眼，单腿站立。

● 关注身体在地心引力的作用下，为了保持自身平衡，作了哪些调整。

● 记录体验身体活动时的感受。

● 再次体验双腿站立的姿势。

● 讲述体验感受（相比双腿站立，单腿站立时身体调整会更明显）。

体验收获：

看似静止的站立姿势，仍处于不断活动、调整、寻求平衡的状态。这个体验有助于学习者认识到，任何姿势都是身体不断调整的活动状态。

通过站姿体验可以总结出，即便人保持在一个相对静止的状态，如站姿、坐姿、仰卧姿势，也没有停止活动，只是人们通常忽略了这些姿势调整，或者根本没有意识到身体的活动是为了保持姿势的稳定及身体的舒适。现在我们将姿势调整的幅度增大，从保持姿势到姿势转换，再到日常活动，我们会发现任何身体活动，都是建立在某种姿势的基础上的，如坐起吃饭、躺下睡眠、挥拍打球……每种活动都有更能发挥其效能的身体姿势。因此，姿势调整是身体活动的基础，姿势调整本身不是目的，找到适合活动的身体姿势才能更好地生活，同时避免身体伤害。

同样是单腿站立，普通人和体操运动员保持身体稳定的能力是不同的，这是因为体操运动员经过长期专业的训练，不断有意识地刺激感觉－运动－神经系统进行循环反馈，动作更为精细，主动调整姿势的能力更强。传统护理工作中的体位调整是被动的，护士／照护者通过拉、抬、拽的方式将姿势摆出来，好像在操控木偶，被照护者的运动操控中枢不会就姿势调整作出主动的反应，运动皮层不会给相应的骨骼肌以指令，骨骼肌不会收缩，感觉系统也不会收集身体及环境信息以供运动中枢纠正身体偏差，当姿势的自主调整消失的时候，身体自主活动的能力就会下降，难以完成相应的日常生活，生活质量也随之下降。

姿势活动的概念和意义

我们将姿势活动定义为人体为适应某种状态作出的自主调整，是由一系列姿势调整过程组成的活动。姿势活动的训练可以促进人体循环反馈功能的发挥，从而扩展活动范围、提高活动能力，如：

- 主动调整姿势以适应生活中的各种活动。
- 避免活动受限，如不恰当的坐姿会影响吞咽动作的完成。
- 改善呼吸能力，促进胃肠消化。
- 调节肌肉张力，避免过度用力。
- 需要较长时间保持相应活动姿势时，进行姿势微调，感觉更为舒适，可以减轻心理压力。
- 避免长时间姿势固定导致的肌肉紧张或无力，避免身体疼痛。
- 自主活动能力不足时，可以利用外部环境或物品调整姿势，完成相应活动。
- 某些姿势还有助于集中精力。

第二节　功能解剖

在运动知觉学六个核心要素中，我们选取了部分要素的子概念作为姿势活动的核心要素，包括：

- 功能解剖中的身体块和连接部、身体的正面和背面。
- 人体活动中的基础体位。

● 交流互动中的人体感官、运动要素。

在体验学习中，学习者需要运用这些专业术语描述身体活动。

功能解剖

运动知觉学中，我们不是通过书本或 X 光片研究人体解剖结构的，而是在日常活动中研究，我们称之为"功能解剖"。学员需要通过触摸自身的骨骼和肌肉（见图 2-1），了解其不同的性质。例如：骨骼——性质坚硬，状态稳定，主要具有支撑、保护及运动的功能；肌肉——性质柔软，状态不稳定，骨骼肌附着在骨骼上，对各关节起连接作用，骨骼肌的收缩及舒张可以牵引骨骼完成关节运动，以保障人体活动。按照骨骼和肌肉在运动系统中的不同功能，运动知觉学将人体划分为身体块和连接部（见图 2-2），用于理解其对活动模式及活动质量的影响。

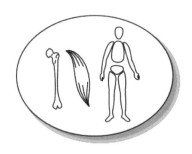

图 2-1 骨骼和肌肉示意图

图 2-2 身体块和连接部人体示意图

身体块和连接部

运动知觉学将人体划分为七个稳定的、坚硬的身体块，即头部、胸部（包括前胸及后背）、骨盆、左臂（包括左手）、右臂（包括右手）、左腿（包括左脚）和右腿（包括右脚）。身体块之间通过六个不稳定的连接部相连，即颈部、腰腹部、双侧肩关节和双侧髋关节。

● 头部

头部骨骼坚硬，状态稳定。与头部相连的颈部，组织柔软，状态不稳定。头部可以向多个方向转动，颈部作为连接部协助头部运动。

● 胸部和双臂

手臂向两侧延伸，协助胸部进行重心转移，因此，在身体活动时，胸部和双臂被视为一个整体，身体活动时相互带动。胸部还与颈部、腰腹部及双肩相连。手臂和胸部之间由肩关节连接，共同构成活动空间。

● 骨盆和双腿

双腿向两侧延伸，协助骨盆进行重心转移。因此，骨盆和腿部同样被视为一个整体。骨盆还与腰腹部和髋关节相连。腿部和骨盆之间由髋关节连接，构成活动空间。

区分身体块和连接部的意义

稳定的身体块多用于承担身体重量，并将其转移至与身体相连的支撑面。连接部主要协助身体块移位，将重心从身体的一个部位转移到另一个部位。例如：人仰卧在床上，与身体接触的床面即支撑面，人体绝大部分重量被头部、胸部、骨盆、双臂及双腿承担，并通过与床面接触的身体部位传递到支撑面。当双下肢伸展时，人体重心位于第二骶骨稍前方，当骨盆与双下肢的连接部——髋关节屈曲，形成屈髋屈膝位时，人体重心向头部方向转移。此时双脚踩踏床面，支撑面的面积缩小，更适合进行翻身。

理想情况下，人们可以自主且轻松地移动身体块的位置，连接部不必承担任何重量，这样人们就拥有了最佳的适应能力，能轻松完成姿势调整。一旦身体块及连接部功能失衡，人们便会试图通过加大力量的方式完成动作，易造成身体伤害，甚至阻碍其自主活动。因此，个性化活动支持有助于人们学习如何重启身体块和连接部的功能，感受轻松进行身体活动的过程。

正面和背面

如果单独看每一个部位，无论是身体块还是连接部，按照运动的性质，还可以再次用"稳定"和"不稳定"区分。例如：身体的背面相对坚硬且稳定，正面柔软且不稳定。此外，背面富含伸肌，正面则多为屈肌。

● 中央身体块的正面和背面

头部、胸部和骨盆位于身体中线上，统称为中央身体块。其中，头部的面部一侧为正面，枕部一侧为背面。胸部的前胸一侧为正面，后背一侧为背面。骨盆的腹部一侧为正面，臀部一侧为背面。

● 手臂的正面和背面

手臂在活动时，很难区分正面和背面。如果按照稳定和不稳定、坚硬和柔软、弯曲和伸展的性质划分，区分的界限就相对清楚。从肩胛骨开始，一直延伸到掌背一侧是背面。掌心侧顺延向上直到腋下则为正面。

● 腿的正面和背面

大腿外侧及前侧、膝盖、小腿前侧、足背为腿的正面，足底、小腿后侧、腘窝、大腿内侧及后侧为腿的背面。

中央身体块、手臂和腿的正面和背面示意图（见图2-3）。

图 2-3 正面和背面示意图

区分正面和背面的意义

运动的质量，不仅涉及身体块和连接部的配合，还受其正反面不同特性的影响。稳定的背面通常承载重量并将其传递到支撑面。正面由于具有不稳定性多通过运动姿势的调整，将重心传递到背面。例如：我们坐在靠背椅上时，通常是用后背抵靠椅背支撑，重心在坐骨上。若想起身站立，上半身需要向前（即前胸的方向）运动，重心前移，直至臀部抬离椅面。这是正常的自主活动模式。若违背人体功能，直接上移身体重心，是无法站起来的。这也是传统护理工作的主要弊端，人们直接把"立"作为目标，却忽略了"起"这个过程，即忽略了运动方向在身体活动中的作用，其结果就是费力。

如果掌握了运动方向（见图2-4），即注重正面和背面不同的功能，就能用较小的力量改变活动的姿势和状态；反之，则费力。如果用力过度，有可能影响活动积极性，甚至影响身体健康。通过个人活动体验，学习正面和背面的概念对运动质量的影响，能不断激发潜在的活动能力。

图 2-4 运动方向示意图

第三节 基础体位

现实生活中，人的活动姿势各有差异，运动知觉学按照日常活动中身体各部位与重心的关系，建立了七种基础体位（见图2-5），即仰卧位、腿部交叉坐位、肘支撑俯卧位、四足支撑位、单膝跪立位、单腿支撑站位、双腿平衡站位。基础体位即运动模型，简明地将人体无限变化的姿势归纳成七个代表性的体位，方便人们理解不同姿势对活动的影响。每种体位都很重要，但是在照护工作中，我们最常遇到的是卧位及坐位照护，因此本书着重介绍仰卧位及腿部交叉坐位的特点，并带领大家亲身体验两种姿势下的身体活动能力。

图 2-5 运动知觉学基础体位

仰卧位

仰卧位身体特征

仰卧位（见图 2-6），身体块的重量均通过其背面转移至支撑面，各连接部可自由活动，且不承担身体的重心。

图 2-6 仰卧位示意图

仰卧位个人体验

请平躺在地面或垫子上，体验仰卧姿势的特征。

1. 重量分配

体验身体块（头部、胸部、手臂、骨盆和腿部）的重量均转移至支撑面。

2. 活动能力

体验每一个身体块单独的活动范围。

体验身体块与连接部共同的活动范围。

例如：分别体验手臂和胸部各自的活动范围；用胸部带动手臂共同活动，体验身体的活动范围；再用手臂带动胸部一起活动，对比活动范围。

同理，体验腿部在不同方向的活动范围；体验骨盆与腿部相互带动，对比活动范围及重心的变化。

3. 重心转移

仰卧位中，某身体块的重量没有完全转移到支撑面时，体验身体的反应。

例如：稍微抬起与支撑面相连的头部，感受颈部出现哪些变化，对全身的活动能力有哪些影响。

颈部肌肉有可能变得僵硬，带动头部向不同方向转动的范围缩小，身体的活动能力也有可能受到限制。

腿部交叉坐位

腿部交叉坐位身体特征

腿部交叉坐位（见图 2-7），头部和胸部的重量转移到骨盆，再经坐骨将身体重量转移至支撑面。手臂自然下垂，改变手臂的姿势能协助胸部调整身体重心。

图 2-7 腿部交叉坐位示意图

腿部交叉坐位个人体验

请双腿交叉，盘坐在地面或垫子上。

1. 重量分配

体验骨盆的重量移至支撑面，双手自然垂向地面或置于双腿上。

体验头部、胸部和手臂的重量怎样转移至骨盆。

2. 活动能力

检测全身各个身体块的活动范围。

感受手臂带动胸部活动对骨盆重心和平衡能力的影响。

思考如何借助腿部活动保持骨盆稳定，保持坐姿。

3. 重心转移

感受改变身体任何一个部位的重心，对身体活动能力的影响。

例如：颈部是头和胸部的连接部，拉伸颈部，颈部的肌肉张力有可能升高，体验此时颈部向各个方向转动的活动范围的变化；体验此时头部和胸部的重心变化，是否完全将重量转移至骨盆，有何变化；感受此时肩关节、腰腹部的活动范围是否受到影响，有何种变化。放松颈部，对比肩关节、腰腹部的活动范围。

第四节　不同体位下的姿势活动

日常生活中的姿势是千变万化的，但是都可以理解成基础体位的变体。在深刻体验仰卧位及腿部交叉坐位中身体块及连接部的作用的基础上，我们来体验从这两种基础体位变化而来的姿势及姿势调整过程中的身体感受。

卧位姿势活动

卧位姿势身体特征

仰卧位是卧位姿势的基础。从仰卧位到俯卧位姿势转换过程中的身体姿势都可以归类为卧位姿势（见图2-8）。

图2-8　卧位姿势示意图

卧位姿势的共同特征——将身体重量转移至支撑面。

卧位姿势调整体验

请选择任意卧姿躺在地面或垫子上。

1. 重量分配

体验在该姿势下，各身体块（头部、胸部、手臂及腿部）的重量均转向支撑面。

调整为另一种卧位姿势，再次体验各身体块的重心与支撑面的关系。

2. 活动能力

活动每个单独的身体块，活动相邻的身体块与连接部，感受身体块与连接部在活动过程中的相互影响。

例如：活动手臂对胸部的姿势有哪些影响？腿部怎样协助骨盆扩大活动范围，调整重心？

转换到另一种卧位姿势，再次感受手臂对胸部、腿部对骨盆的活动能力和范围的影响。

3. 重心的转移

体验身体块不完全或是只承担一部分重量时身体的反应。例如：将头部稍微抬起，体验颈部的状态及全身的反应；枕部用力压支撑面，体验颈部的状态及全身的反应。在体验的过程中或许您已经感受到颈部肌肉的变化——僵硬、活动不自然，且其他身体块活动能力也受到影响。

在亲身体验各种卧姿及姿势调整后，建议您写下此时的收获和感受。

坐位姿势活动

坐位姿势身体特征

腿部交叉坐位是坐位姿势的基础。凡是头胸部将重量传递给骨盆，再通过坐骨转移至支撑面的体位均属坐位姿势（见图2-9）的范畴。

图 2-9　坐位姿势示意图

坐位姿势的身体特征——头部和胸部的重量转移到骨盆，并通过坐骨转移到支撑面。手臂自然下垂，改变手臂的姿势能协助胸部调整身体重心。身体的连接部，如颈部、腰腹部、双侧肩关节都能自由活动。

坐位姿势调整体验

请坐在地面、垫子或者椅子上。

1. 重量分配

体验各身体块（头部、胸部及手臂、骨盆和腿部）的重心分布。

调整为另一种坐姿，再次体验身体各个部位的重心分布。

2. 活动能力

体验每一个身体块单独的活动范围。

活动相邻的身体块与连接部，如手臂和胸部共同活动，腿部和骨盆共同活动。

调整为另一种坐姿，再次体验单个身体块的活动能力及相邻的身体块与连接部共同活动的范围。

3. 重心转移

体验重心对活动能力的影响。例如：坐姿中，头部和胸部的重量转移至骨盆；头颈部、腰腹部可向多个方向自由转动；拉伸颈部，颈部肌肉开始紧张、活动不自然，体验此时腰腹部的活动范围。

在亲身体验各种坐姿及姿势调整后，建议您写下此时的收获和感受。

第三章 活动支持

◇ 活动支持的目的不仅仅是预防压疮。

◇ 姿势活动的支持，是支持被照护者自主活动的过程，短期目标是完成活动内容，中远期目标是维持被照护者自主生活能力，促进身心健康发展。

◇ 照护者的任务是引导被照护者体验及理解自主活动能力与自立生活之间的关系。

◇ 通过姿势活动的支持，照护工作将成为照护双方丰富的、共同的互动行为——这种互动将对照护双方产生持久且积极的影响。

第一节 活动支持与压疮预防

不仅仅是预防压疮

压疮给被照护者带来巨大的身心伤害，预防压疮也成为照护工作中最为紧迫的任务，照护者必须掌握压疮风险评估及处置的技能。在过去的几十年中，护理领域对压疮的研究多集中在减轻局部压力方面，并设计了体位垫、制定了体位调整护理标准，"调整体位、预防压疮"也成为活动支持的唯一目的。这是对活动支持的片面理解，甚至会因此伤害被照护者。

单一的线性思维方式往往仅关注姿势与压疮的因果关系，而忽略了姿势的另一个更为重要的功能——适应活动，即"姿势调整"与"活动质量"的相互依存关系。例如：躺着可以睡觉、看书，但不适合进食、如厕，长期卧床影响消化功能、减缓血液循环、降低思考及交流能力，无法做想做的事。如果单纯按照护理标准为被照护者摆放体位、固定姿势，很可能会限制或者阻碍被照护者的日常活动。日常生活活动质量是影响个体发展最重要的因素，对于因疾病或身体障碍需要获得支持的群体，这点尤为重要，因为每一个照护行为都会对被照护者的活动潜力产生影响。

因此，我们需要重新定义被照护者，他们不再是"病人"或者"能力受限的人"，而是一个完整的人。

● 我们关心、照顾的是一个拥有过去、现在及未来的人，他/她希望被平等对待。

● 我们遇到的是一个拥有自我发展能力的人，他/她可以通过自身活动决定自己的生活及未来。

关注被照护者的需求，发现其活动潜力，通过照护双方的身体互动，共同实现有质量的日常生活，是活动支持的目标，也是照护工作的核心。

专家标准

2000年，埃斯特·克莱因-塔罗利作为护理专家，参与了德国护理质量发展协会组织的第一版《预防压疮护理标准》（以下简称《专家标准》）的制定。2017年，该标准进行了第二版的修订。

《专家标准》是有助于保证和进一步发展护理质量的工具。《专家标准》每五到七年调整一次，根据护理科学的研究成果以及实际护理经验，确定相关护理内容的目标和措施。它代表了护理领域最新的调研成果，而不是确切的行动指南。在德国，每个护理机构都必须借助这些标准定期培训其工作人员，并制定相应的质量准则。《专家标准》分为五到六个级别，描述了护理过程的步骤。每个级别都设置了结构、过程和结果标准，并提供了有意义的专家建议。

如果人们经常躺着或者坐着，很少活动身体，会导致局部持续受压区域血液循环减少甚至中断，皮肤也因长期受到压力、摩擦力、剪切力的影响，容易形成溃疡。但是有自主活动能力的人因为可以经常活动，局部压力得以缓解，所以能有效预防溃疡产生。正因如此，《专家标准》中建议，把"促进自主活动"作为压疮预防的核心目标之一。

如果自主活动不足以预防压疮，则需要保持适当的体位，并定时调整，因此需要相应的支持辅具，这些辅具可以帮助身体分散或释放压力。例如：应减少足跟或者骶骨位置的重量分配，以保证局部血液循环，同时可以通过调整辅具的材质及形状，辅助完成自主活动。专家也指出，支持辅具不能取代常规的体位调整。

《专家标准》为"自主活动、预防压疮"提供了框架。从运动知觉学的角度来看，这意味着照护者需要在双方互动的过程中认识及评估被照护者的活动能力及护理需求，在此基础上进一步发展被照护者身体活动能力。

思维转变——从体位摆放到活动支持

大部分观点认为，压疮风险是由局部压力过大造成的，压力是很容易被检测到的因素，因此关注度颇高。时至今日，对压疮的研究也多局限于此。但是，如果我们将研究扩展到人体功能，并考虑到姿势保持实际上是不断对抗重力、调整身体重心这一事实，我们就会意识到，所谓的局部压力并不是导致压疮的原因，而只是压疮的症状之一。因为能够调整姿势的人，哪怕只是稍微活动身体，一点点地逐步改变姿势，也不会产生压疮。这并不意味着压力无关紧要，恰恰相反，作为紧急护理措施，减压是至关重要的。然而，专业照护必须更上一层楼，即协助有压疮风险的人解决缺乏活动能力的基本问题，因为活动能力是可以改变、促进及提高的。每个人都有自己的活动能力及身体状态，如果我们无法提高被照护者的身体活动能力，就需要通过提高照护者自身活动感知力及加强照护双方身体互动来改进照护方式。

缓解局部压力的标准化照护措施往往会限制被照护者的活动，加剧压疮风险，给被照护者带来更大的痛苦，如不加分别地使用超软床垫或者气垫床。这种床垫确实能帮助身体受力平衡，适用于完全无法活动的人群，然而却不适合有一定活动能力的人。因为躺在柔软的床垫上，人们是难以自主调整重心、活动身体的，这会导致活动减少，压疮风险增大。这并不意味着完全放弃软床垫，而是强调有身体活动能力的人要尽量避免使用。这就要求照护者充分了解软床垫对人体活动能力的影响，由此可以推断出哪些因素可能限制被照护者活动，并尽可能避免。

体位摆放是标准化的，也是被动的，活动支持是个性化的，也是主动的。例如：将床头抬起30°是预防压疮照护的标准，是很容易掌握的技术。然而，在我们体验姿势调整过程之后就会发现，人不应该被摆放姿势。在个性化护理过程中，这种普遍的标准并没有什么帮助。因此我们运用了"活动支持"这一概念，不仅支持被照护者减少压疮风险，而且支持他们自主调整姿势的能力。

活动支持标准

如果我们把对自身活动的感知力转移到照护层面，照护视角就会从体位摆放转换到活动支持，照护重点也转变为协助被照护者探寻自主活动的可能性，以便其自主调整体位。具体来说，思维的转变意味着：

● 支持体位而不是固定体位

协助被照护者不断探索新的活动方式以完成适应性动作，并在此基础上逐步调整身体重心，改变姿势。

若被照护者有能力自主调整体位，这种体位就是舒适的。

● 姿势调整，适应活动

姿势的调整与活动本身密不可分，协助被照护者调整身体姿势，以完成各种日常活动，如吃饭、睡觉、呼吸、行走及其他想做的事。

当被照护者的体位与相应的活动项目互相匹配时，活动支持就是成功的。

● 个性化活动支持

人是独立的、发展的个体，标准化照护方式限制了被照护者的活动能力及范围，甚至会危害其健康。因此照护者需以个性化活动支持为导向，分析当前活动模式与被照护者发展潜能之间的关系，并提出个性化活动支持建议。

个性化活动支持就是协助被照护者拓展活动能力。

发展的思维范式

从体位摆放到活动支持，体现了护理思维范式的转变。目前，专业照护工作仍以疾病过程为导向，尽管掌握疾病相关知识是专业照护工作的重要组成部分，照护人员仍有必要以个体发展为导向重新审视照护工作。

这种新的思维范式是基于"人是不断发展的个体"这一理念发展起来的，是由个体内在活动过程决定的。因此任何体位支持及照护支持，其目的不仅在于缓解痛苦，而且在于支持被照护者的个体发展。而只有被照护者有能力以有针对性的、有区别的方式进行活动，从而感知自身肌肉活动变化时，才有可能达成以上目标。

第二节 活动支持与活动能力

由于人的不断发展，活动支持不仅仅是体位摆放，我们需要始终思考这个问题：如何帮助一个人扩展其可能性，以影响他的发展。

肌肉力量与活动意识

关于肌肉力量与活动能力的关系，我们所了解的是：一方面，缺乏活动会导致肌肉数量减少、肌肉力量降低，从而进一步限制活动能力；另一方面，缺乏活动会降低身体感知力，很难分辨不同姿势下的身体状态、活动的方式和力度，丧失了感知自身差异化活动的能力，从而在活动中消耗更多体能。例如：起床，即从仰卧位转换为坐位，一个自我身体感知能力差的人通常会选择直接坐起的方式，这会耗费更多的肌肉力量，使其过度劳累。因此，对于改善活动能力来说，增强肌肉力量是重要的，但并不是全部。

无意识的身体活动通常选择无差别活动方式，所谓的无差别是指反复使用相同的动作模式，这会伤害人体健康，包括自主活动人群及需要协助活动的人群。而且若在卧位等重心较低的体位活动中长期采用无差别活动方式，伤害尤为明显，包括：

● 长期不活动的肌肉萎缩无力。

● 无法改变身体姿势，对身体活动的感知力下降。

● 自主活动能力衰退。

因此，肌肉力量的丧失与活动意识的丧失互相影响，导致活动能力逐步下降，造成恶性循环。而活动本身又可以增加肌肉力量、增强身体活动意识，从而改善身体活动能力，形成良性循环。

如果我们能协助被照护者采用不同的方式活动，改变身体位置，尤其是卧位下的姿势调整，在增强其力量的同时培养其活动意识，能对被照护者的健康产生如下积极影响：

● 有意识的自主活动可以增强肌肉力量。

● 有意识的缓慢活动可以促进身体意识的恢复，使身体活动能力得到改善。

● 帮助被照护者体验自身价值，感受"我可以"，增强其自信心。

因此，当被照护者学会有效运用肌肉力量时，其机体功能就会有不同方面的改善，如肌肉的供能增加，呼吸更顺畅，消化及血液循环的能力加强等。最重要的是，通过有意识的自主活动，被照护者可以体验到自身能力及价值，增加了主动活动的意愿，从而形成良性循环。

活动支持是调动内在的自我导向过程

照护工作常被认为是"体力劳动"，尤其在协助被照护者活动和调整姿势时，这是一个误区。用力拉、抬被照护者是错误的工作方式，会影响照护双方的健康。如果照护者掌握人体活动原理，就有能力指导被照护者共同参与活动。照护双方互动的过程中，照护者避免过度用力导致腰背疼痛及身体损伤，被照护者也能体验到自主活动的价值，重拾自理生活的信心。图 3-1 至图 3-4 分别展示了两种完全不同的照护方式，方便大家直观感受活动支持的本质特征。图 3-1 和图 3-2 中，照护者直接拉、抬被照护者，忽视其现有的活动能力。图 3-3 和图 3-4 中，照护者通过与被照护者互动，协助其起身。

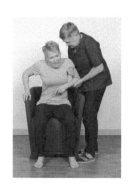

图 3-1 照护者直接拉、抬被照护者（1）

图 3-2 照护者直接拉、抬被照护者（2）

图 3-3 照护者协助被照护者起身（1）

图 3-4 照护者协助被照护者起身（2）

从图片中我们可以感受到，活动支持的目的不是将被照护者从床上转移到椅子上或另一个位置，而是协助被照护者体验、发现参与活动的可能性，整合现有活动能力，将自主活动融入日常生活中。活动支持重在引导和培养被照护者的活动能力。

第三节 活动模式

活动是针对人这个整体的，归根结底，预防压疮以及体位支持只是活动支持的效果之一，而活动支持的本质在于通过照护手法协助被照护者参与日常活动，提升被照护者生活质量。如果照护者能协助被照护者发现自身能力和价值，发掘其潜在的活动可能性，就能指导被照护者提升自主活动愿望，不断扩大活动范围。同时，专业的照护方式还能避免照护者的职业损伤。

任何体位下，人都能开展身体活动。我们可以把活动分为水平活动及垂直活动两种形式。

水平活动

水平活动包括行走、跳跃、跳动或滑动等，这里我们将研究最简单的水平活动模式——行走。然而，所谓的"行走"并非特指双脚行走，而是指与行走具有相同特征的活动模式，我们称为步态活动模式。在任何体位下，都会发生步态活动。

步态活动模式具备以下三个要素：

1. 转移重心至身体一侧。

2. 移动对侧身体至新的位置。

3. 转移重心至对侧身体。

我们可以通过图 3-5 至图 3-8 理解步态活动模式。这是一个完整的步态活动模式，而行走就是一连串的步态活动。

图 3-5 身体初始位置，重心在双脚之间   图 3-6 重心移至左脚

图 3-7 将右脚移至新的位置   图 3-8 重心转移至右脚

现在我们进行站位步态活动体验，进一步理解步态活动三要素。

1. 双脚站在地板上，重心在双脚之间。

2. 把重心转移至左脚。

3. 向远处移动右脚，并将其踩在地板上。

4. 转移重心至双脚之间。

现在试着一步一步地走，体验步态活动三要素。

垂直活动

垂直活动指从卧位到站位的体位变化，或从站位到卧位的体位变化。垂直活动也包括重心失控下的跌倒和翻滚。在这里，我们将关注那些有控制的、缓慢的体位调整，称之为螺旋运动模式。在体位调整过程中，应用螺旋运动模式更易达到目的，也最为理想，因为在这种活动模式下，人们可以在不过多耗费体力的前提下，利用手和脚的活动不断控制及转移身体重心，完成体位转换。

现在我们来体验利用螺旋运动进行从仰卧位到坐位的体位调整。调整过程分为两步，第一步从仰卧位转换为肘支撑俯卧位，第二步从肘支撑俯卧位换为坐位，我们分步体验。

1. 第一步：从仰卧位到肘支撑俯卧位。

● 仰卧于地板或者垫子上。

● 用逐步转动及伸展身体块的方式将重心转移至左侧；继续转动及伸展身体块，直到形成肘支撑俯卧位。这是螺旋运动模式，不需要肘部过度用力支撑。

● 从肘支撑俯卧位，通过屈体转身的方式，调整回仰卧位。

● 反复体验，加深理解调整姿势是重心转移的螺旋运动。

2. 第二步：从肘支撑俯卧位换为坐位。

● 完成第一步。

● 用屈体转身的方式转动头部及胸部，将重心转移至身体左侧。借助手臂按压地面的力量，协助身体以螺旋运动的方式坐起。

● 在坐位下转动及伸展身体块，重新回到肘支撑俯卧位。

● 反复体验，加深理解调整姿势是重心转移的螺旋运动。

注意：此练习虽然能够帮助学习者运用螺旋运动模式调整姿势，但并不意味着在照护工作中必须照搬此模式。通过该练习，照护者能够理解人体活动的模式。同时，该练习也是支持被照护者活动的基础。

第四节 活动支持

卧位姿势下的活动优势

人在卧位状态下更容易控制重心移动，这也是个体活动能力的巨大潜力所在。协助被照护者进行卧位活动，可能会让其体会到：

● 如何在卧位时保持活动。

● 如何帮助自己从卧位转移至坐位。

然后，照护者可以继续挖掘被照护者的活动潜力，以实现以下目标：

● 凭借自身能力改变身体姿势。

● 改善生理机能，如呼吸功能、循环功能及消化功能。

● 保持肌肉差异化活动的能力。

● 将卧位活动方式应用到日常活动中。

● 确定自己的生活方向。

卧位步态活动体验

在站位步态活动体验的基础上，我们进行卧位步态活动体验，感受卧位条件下的步态活动三要素。

● 仰卧在地面或垫子上。

● 将重心转移至身体左侧。

● 探查右侧身体的活动范围，如体验头向右侧转动的范围。

● 调整身体重心，回到仰卧位。

● 将重心转移到身体右侧，探查左侧身体的活动范围，再调整身体重心回到仰卧位。

● 重复上述动作，关注身体重心在活动过程中的变化。

经过体验，我们已经理解无论是站位活动还是卧位活动，都遵循步态活动三要素原则，现在我们来进行卧位上移，即利用手臂和双腿的活动，将身体向床头方向移动的体验。

● 仰卧于地面或垫子上。
● 移动左侧身体向上。
● 移动右侧身体向上。
● 交替移动身体两侧。
● 调整手臂及双腿的活动方式，感受身体上移方式的变化。

卧位活动支持

卧位活动支持并不是拉、抬被照护者，而是通过调整被照护者身体重心，使主动活动成为可能。图 3-9 至图 3-11 展示了利用步态活动模式协助被照护者调整身体重心，从卧位转移至左侧卧位的活动支持方式。图 3-12 及图 3-13 展示了卧位身体上移的活动支持方式。建议照护者与同事互动，获得体验后再应用于照护工作。活动支持需要沟通，不仅仅是靠语言进行沟通，更要通过照护者的动作引导被照护者，帮助其理解步态活动原理，从而参与到身体互动中。活动支持中的互动，是照护者与被照护者之间的引导与跟随的活动过程，活动支持的核心要点是等待对方对动作的反应。

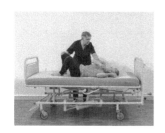

图 3-9 转移身体重心

步骤 1：引导同事将身体重心转移至身体左侧。
方法：引导同事屈膝，活动骨盆，将重量转移至左侧。
注意：等待同事对你的引导作出身体反应，待其跟随引导将身体调整后再引导下一步动作。

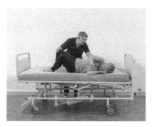

图 3-10 活动右侧身体向上

步骤 2：协助同事活动右侧身体向上，来到左侧卧位。
方法：你并没有拉拽同事身体，而是通过手在其背部的活动，展示可能的活动方向并等待反应，引导对方主动调整胸部重心。
注意：如果同事对你的引导没有反应，请调整引导方式。

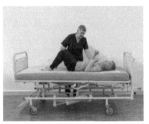

图 3-11 重新回到仰卧位

步骤 3：引导同事将重心转回身体右侧，恢复仰卧位。按照上述步骤，继续引导同事将仰卧位转为右侧卧位。

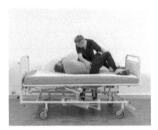

图 3-12 卧位身体上移（1）

步骤 1：引导同事借助腿部和骨盆的支撑使身体向上活动。

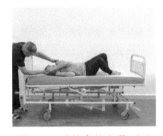

图 3-13 卧位身体上移（2）

步骤 2：引导同事借助手臂和胸部的支撑使身体向上活动。

　　活动支持并没有一种"正确"的方法，而是要根据被照护者活动能力的不同，进行个性化的引导。

支持体位转换

　　螺旋活动模式支持重心分步转移，使活动过程轻松省力，也是最理想的体位转换方式。
- 以转移重心的方式逐步改变身体姿势。
- 借助四肢活动转移重心，帮助躯干调整姿势。

● 在任何活动过程中都可以暂停或改变活动方向。

体位转换的支持与体位活动的支持一样，并不是移动被照护者，而是引导其找到螺旋活动的方法，将头部及胸部的重心经由手臂转移至骨盆，这样被照护者就能轻松地调整姿势。图 3-14 至图 3-18 展示了协助被照护者从卧位到坐位的体位支持方式，通过照护者有意识的引导，被照护者能主动参与自身活动，在互动中完成体位转换。建议照护者与同事进行互动，获得经验后再应用于照护工作。体位支持的核心要点是等待对方对动作的反应。

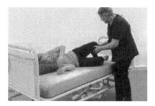

图 3-14 将重心转向身体的一侧

步骤 1：与同事体验从平躺到侧身的姿势调整。通过触摸身体块（图中是腿部），引导其将重心调整到身体的一侧。

图 3-15 协助双腿向下移动

步骤 2：逐步引导同事将双腿垂到床下。

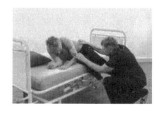

图 3-16 协助重心向手臂转移

步骤 3：接下来转动头部和胸部，运用螺旋运动模式将重心向手臂转移。

注意：同事需要时间来体验身体的活动方向和速度。

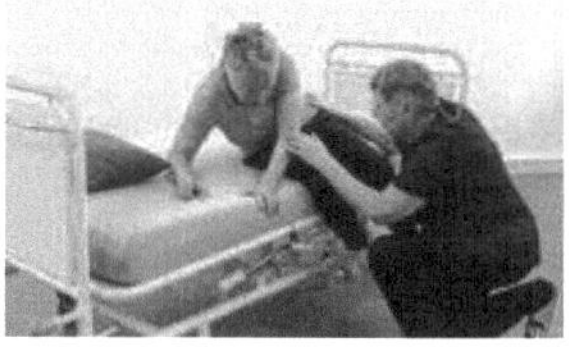

图 3-17 协助重心从手臂向骨盆转移

步骤 4：继续调整重心，将胸部和头部的重量从手臂慢慢向骨盆转移。

注意：引导同事起身的活动方向和速度，不要用力将其拉起。

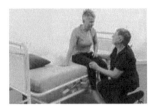

步骤5：随着重心的变化，逐步在床上坐稳，完成从仰卧位到坐位的体位变换。

图 3-18 完成到坐姿的调整

支持日常生活活动

如前所述，活动支持的目的不仅仅是预防压疮，被照护者还能获得如下好处：

● 随时调整体位，减缓局部压力。

● 调整身体姿势的舒适度。

● 改善心肺功能。

● 协助入睡并提升睡眠质量。

照护者应具备以下知识，才能更好完成活动支持：

● 了解姿势活动的基本知识。

● 掌握运动知觉学的基础体位理论和相关核心概念。

● 理解步态活动三要素，并能灵活运用到姿势调整中。

● 掌握常用的体位及体位转换方式。

● 因人而异，为照护者提供多样化的支持手法。

活动支持是为了协助被照护者完成日常生活活动，因此照护者需要从专业角度理解日常生活活动。好比汽车修理工需要了解不同发动机的工作原理，照护者也必须学习生理学及护理学知识，了解饮食、排泄、睡眠的生理机制，同时学习姿势活动原理，了解姿势是如何影响生理活动的。我们将通过图3-19至图3-22展示姿势与活动的关系。

图 3-19 支持进食的姿势（1）

图 3-20 支持进食的姿势（2）

图 3-21 支持排泄的姿势（1）

图 3-22 支持排泄的姿势（2）

进食需要具备以下能力：

● 能将食物送进口中。手臂活动自由，能举起食物；胸部稳定能支持头部活动（低头或仰头），方便进食。

● 食物能在口腔中咀嚼。咀嚼过程中，头部需保持稳定，支持舌与下颌的活动。

● 完成食物的吞咽。吞咽时需注重胸部的姿势，使颈部有足够的活动空间。

协助被照护者进食的姿势，应参考以上活动要求。

排泄的过程不仅是肠道平滑肌的活动，身体姿势也同样影响排泄过程。多数人在排泄时习惯将身体的重心向腿部转移。照护者可通过用踏板支撑腿部，或将被照护者手臂放在桌子上帮助重心下移，协助排泄。

通过调整坐姿，或利用辅具，帮助被照护者改善呼吸功能。例如：

● 坐姿中，调整双腿的位置扩大骨盆活动范围。

● 手臂搭放在桌子上，帮助上半身转移重心，减轻胸部负担。

图 3-23 中，用靠垫、坐垫及脚踏等辅具支持呼吸。

图 3-24 中，通过支持手臂，改善呼吸能力。

图 3-23 支持呼吸的辅具

图 3-24 支持呼吸的坐姿

照护工作是相当复杂的系统工程，如果我们意识到人是以自己的方式调整自己的身体，那么我们就可以肯定地说，不能用标准化的、单一的方式进行照护工作。因为从根本上讲，照护效果并不取决于照护方案，而是取决于被照护者的反应。只有当我们用心且有能力支持及引导被照护者时，他们才能发展其自主活动能力。

照护是一门艺术，活动支持的终极目标是提高被照护者的生活自理能力，提升生活质量。

第四章 交流与互动

◇ 触摸引导是"金手法",语言指导是"银方法"。

◇ 活动支持的手法基于照护双方互动交流的方式。

◇ 被照护者差异化的护理需求是照护工作的挑战。

第一节 语言与手势

交流的重要性

照护双方的交流在活动支持中十分重要。常见的方式是照护者用语言告知被照护者现在的状况和配合的需求。

活动支持中的另一种交流方式是照护者通过触摸引导被照护者跟随活动，能激发被照护者自主活动的意识，认识自身活动能力及潜力。如果照护者能掌握触摸交流方式，在长期的交流互动过程中，被照护者有可能重返自立生活；反之，不当的照护手法有可能阻碍被照护者的自主活动，甚至导致功能障碍。因此，照护中的活动指导是把"双刃剑"，不同的指导方式能使被照护者的生活能力和生活质量向不同的方向发展。

现象与判断的分离

在分享语言及触摸交流方式之前，我们先了解一些基本思想。

我们假定判断是经验性的，而经验是个人经历的结果，具有个体差异，那么沟通交流方式也是极具个性化特征的。与照护者接触之前，我们并不了解他们的性格、活动能力及习惯的活动方式，如果不关注现实情况，仅仅听从被照护者的一面之词，有可能判断失误，对照护工作造成阻碍。因此，为了深入了解及评估被照护者的真实状态及需求，照护者应把现象与判断分离开来。下面用案例阐述其原因。

我们经常会询问卧床的被照护者"您这么躺着舒服吗？"，通过被照护者给的答案来判断其状态。这种方式并不可取，因为"舒服"不是现象，只是对当时情况的判断，如果我们不了解其缘由，判断也就没什么意义。例如：询问一个在跑步机上奔跑的人"你累吗？"他明明已经累得气喘吁吁，满头大汗，说话都断断续续，但还是说出"不累"二字，只是因为他想努力坚持跑步这件事情。因此在实际工作中，我们不能轻易相信"很舒服""这样很好""现在不错"这样的说法。

现象是能被人感觉到的一切情况，是能够被看到、听到、闻到、触摸到的。现象不是评价，我们可以采用准中立的方式描述现象。例如：我们想知道被照护者卧床的姿势是否合适，可以这样询问："您向两侧转下头，再活动活动腿，看看费不费力？"被照护者当即就能描述其真实感受，如"活动空间很小，转头很费劲""腿可以自由活动"，或者他能够感受到的任何现象。这是沟通的第一步，我们了解了被照护者的真实感受，但不需要判断对错好坏，只有将这些现象与实际情况，如体位支持、活动能力、活动目的相结合，我们才能判断现在的状态是否真的适合被照护者。

触摸交流也是如此，当照护者与被照护者进行互动时，必须以开放的态度对待被照护者的活动方式。如果仅依靠个人认知来判断正确与否，就会将自己的活动方式强加给被照护者。

第二节　触摸引导

通过触摸方式引导被照护者活动是"金手法"，用语言指导活动是"银方法"。在交流互动中，我们首先探讨"金手法。"

运动知觉

人们通过感觉器官接收外界信息，包括视觉、听觉、触觉、嗅觉和味觉。除此之外，人类还具备"第六感官"（见图 4-1、图 4-2），能觉察身体内部的变化，衡量自身差异。我们将这种无意识的觉察称作"运动知觉"。通过运动知觉我们可以感受到三个维度的差异：

● 体内重心的位置，支持重心转移的部位。
● 肌肉的状态，紧绷还是松弛。
● 各个连接部的活动能力。

三个维度的相互作用打开了我们的内部世界，即感知身体内的细微变化。我们可以在日常生活活动中感知自身活动、觉察内在情绪，运动知觉越敏感，越能根据自身状态及外界环境变化采取更为灵活多变的活动方式，从而适应环境、促进自身健康。

运动知觉学将第六感置于五感中心，意味着它是"内心世界"的感官系统。（见图4-1、图 4-2）

运动知觉系统不断地收到活动变化的信息。如果想了解自身的运动能力，尤其是姿势对现有能力的影响，就需要关注运动知觉系统在活动时的反应。

图 4-1 第六感观与五感示意图

图 4-2 第六感观示意图

前面章节中多次提到，活动能力主要取决于人的主观意愿和活动方式，认识到这一点对照护工作非常重要。当被照护者因疾病失去部分活动能力或无法控制身体活动时，照护重点应是帮助被照护者认识运动知觉对活动能力的影响，帮助其重建活动方式以拓展现有活动能力。

如果照护者在工作中，只是通过抬、拉、抱的方式将被照护者从一个地点转移到另一个地点，被照护者将失去参与自身活动的机会。这种照护手法并不能向被照护者提供真正的帮助，反而会增加其功能障碍。因此，照护者设计照护方案时，应该从如何有效扩大被照护者的活动范围入手，只有被照护者得到非常细心的照护，并尽可能地参与到活动中，才能感受到自身变化，提升主动参与的愿望。这一切都需要在活动与互动中的熟练配合才能完成。因此若照护者具备触摸引导活动的能力，不仅能帮助被照护者建立康复的信心，还能提升照护质量。

专业的活动支持手法，应参考以下内容：

● 不是移动被照护者，而是依据其现有的活动能力提供相应的支持。照护双方应是相互调整，适应彼此的伙伴关系。

● 活动支持的过程中，照护者需要等待被照护者的参与自身活动的反应。当被照护者体验到现有的活动能力，将能激发其不断发掘活动能力的积极性。

● 照护者有意识的触摸能使被照护者跟随活动，在没有语言交流的状态下同样能协同完成姿势或位置的调整。

● 照护者能以自身的姿势带动被照护者活动。

上述能力是活动支持的核心内容，专业的照护手法能帮助被照护者通过日常活动增强自理能力、提升生活质量。

触摸引导活动

让我们分别从照护双方探讨触摸引导活动方式。从被照护者角度，因其身体存在不同程度的功能障碍，感受自身活动的能力有不同程度的缺失，会产生无力感。因此，被照护者需要更专业的体位支持及活动引导，以更好地觉察自我变化，了解自己不同的活动能力。从照护者角度，照护工作是帮助被照护者重新体验不同的活动能力，重获自我。要完成这一目标，照护者必须有认识自己的能力，有感知自身活动并设计活动方式的能力。因此，照护者需要具备必要的自我认知能力、支持被照护者活动的态度以及实践经验，三者相辅相成，才能学会触摸引导活动方式。

运动要素

运动要素是运动知觉学核心概念中的一个子概念。运动要素的学习，将有助于照护者理解用手和被照护者互动，触摸引导活动的方式。运动三要素（见图 4-3）分别为：

- 时间：指完成活动的时间。时间可以用快和慢区分。
- 空间：指人体关节的活动空间，也可指特定环境中可使用的活动范围。空间可以用大和小区分。
- 力量：指在活动时所运用的肌肉力量。力量可以用多和少区分。

通过个人活动体验，能感受到时间、空间及力量间的相互调整。

图 4-3 运动三要素示意图

在姿势调整方面，运动要素发挥着至关重要的作用。运动知觉学的共同创始人之一，约翰·格雷厄姆（John Graham）曾说过，"少借助外界支持，多关注自身平衡"。通常情况下，若活动空间受限，我们就需要更多的力量改变姿势。照护者通过触摸引导被照护者活动时，需要随时调整不同的要素，促使被照护者能最佳地利用时间和身体的空间，不费力地跟随、参与到活动过程中。运动要素在照护双方的互动中起到决定性的作用。

第三节 语言指导

在活动支持中，触摸引导是"金"，语言指导是"银"，不能忽视语言表达在交流中的作用。二者的作用是相辅相成的，触摸引导有助于被照护者理解活动指令，有针对性的语言指导能使被照护者跟随调整姿势。因此，能帮助被照护者理解动作的语言指导才是专业的，有效的。

交流中的尊重

语言指导在活动支持中同样是双刃剑，可以促进被照护者的活动能力，也可能加重功能障碍。

交谈的内容和表达方式直接影响照护双方的沟通质量。如果照护者视增强被照护者活动能力为工作中心，那么语言表达也应如此，即我们的思想、语言及行为应与被照护者的行为相对应，否则就会出现不理解或者误解的情况。例如：照护者一边拉、抬被照护者，一边说"您不用害怕"，这种语言劝慰是没有用的。当被照护者因自身活动能力有限或经验不足，需要他人协助才能活动时，就容易出现内心恐惧，这种恐惧感不是一两句安慰的话就能消除的。因此，语言指导也需要做到尊重被照护者的活动方式。

因此，在活动支持中照护者应该注重以下方面：
● 一个人的活动能力是受制于身体情况的。
● 照护者需要关注被照护者的内心感受，并等待其身体反应。
● 照护者应配合被照护者当时的能力与状态，调整活动支持的手法，而不是强求被照护者做出标准或习惯的姿势。
● 照护效果并不是取决于照护措施或者照护者的意愿，而是取决于被照护者对互动的反应。

活动支持中的语言指导

　　照护双方的交流在协助被照护者姿势活动时非常重要。照护者不仅要说明当前动作的目的，还要用语言指引被照护者配合，使其参与到活动的过程中。通过语言交流支持被照护者活动，照护者首先要有个人体验，理解交流的内容、方式对姿势的影响。只有通过个人体验才能感同身受，站在被照护者的角度理解交流的内容对活动指导的影响。

　　图4-4至图4-7说明了如何在活动支持中用语言指导被照护者。

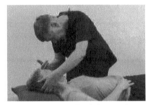

图4-4 指导头部活动

指导头部活动时可说：
● 请转头向下，看向腹部。
● 请转头，看向我这侧。
● 请转头，看向对面的窗户。
● 请把头放在枕头上，用枕头撑着头。
● 请转头，看向您的手。

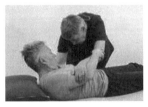

图4-5 指导胸部和手臂活动

指导胸部和手臂活动时可说：
● 请转头看向我。
● 请抓紧我的手臂。
● 请跟随我的手臂一起活动。
● 请将身体转向我这侧。
● 请用您的右肩带动身体前倾。
● 请把手放在腿上。
● 请用胳膊肘支撑身体向上。
● 请把身体的重心向右侧的手臂／胳膊肘转移。

图4-6 指导骨盆和腿部活动

指导骨盆和腿部活动时可说：
● 请把身体的重心转向骨盆的右侧，左侧向前／向后活动。
● 您能——
　　屈膝？
　　屈膝或伸直膝盖？
　　脚向下，踩向床垫？
　　腿向右转？

先把右腿转向床边，再活动左腿？

向前 / 后移动？

脚踩地，往下压？

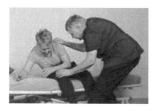

图 4-7 指导坐起

参考步态活动的步骤，可用于以下活动支持：

● 转身平躺在床上。

● 床上翻身。

● 向上移动身体。

● 从床上坐起。

● 起身站起。

● 坐在轮椅上。

第五章 姿势活动照护案例

◇ 姿势是身体调整重心的动态活动。

◇ 姿势调整是帮助被照护者重拾自主活动能力的过程。

◇ 长期摆放体位影响被照护者的健康发展趋势。

第一节 姿势调整

著名教育学者玛丽亚·蒙特梭利说过"帮助的目的是自助",这句话同样适用于姿势活动。姿势调整是个体参与的主动过程,以支持被照护者发现自主活动的潜力,这也是本书的核心理念。为了实现这一目标,我们需要关注以下三点:

1. 照护者的个人体验

照护者首先要亲身体验各种姿势,深刻理解"姿势活动"对健康的影响,这是支持他人姿势调整的基础。

2. 姿势活动中的互动

协助被照护者调整姿势,目的是帮助其适应当前活动,不费力地微调重心或改变活动姿势。照护者不应把姿势活动的知识及自己的活动方式强加给被照护者,而要通过触摸引导,在互动中与被照护者一起寻找并发现适合被照护者的活动方式,以实现:

● 被照护者可以按照自己的活动方式参与日常活动。

● 通过活动引导,被照护者可以少量多次移动身体,实现自主体位调整。

● 通过活动引导,被照护者能够借助四肢活动带动身体改变姿势。

● 被照护者可以通过口头及身体语言表达自我意愿,并能感受到被认真对待。

● 被照护者可以不费力地调整身体重心,改变体位。

3. 辅具的应用

使用辅具的前提:被照护者必须借助辅具才能自主活动。

使用辅具的原则:尽量少用辅具,且辅具的选择需适应个人活动能力。

重要的是,照护者需要注意,辅具没有生命,无法思考及活动,只是一件物品。也就是说,辅具的应用效果并不取决于辅具本身,而要依靠照护者对辅具的谨慎选择及灵活应用,最终通过被照护者的反应检验出来。

还有一点也非常重要,即辅具的设计不能妨碍被照护者的自我活动能力,并且具有足够的支撑能力及稳定性,这关系到被照护者能否借助辅具转移重心调整姿势。

第二节 卧位姿势支撑及调整

建议再次阅读本书第二章基础体位——仰卧位,并参与体验。通过再次的学习和体验，加深对下列案例的理解。

姿势模型是学习及理解活动支持理论的良好工具。但是学习照护手法，不应停留在理论层面，而需要亲身体验，在姿势调整和相互转换的过程中有意识地感受自身，以探索多种可能的活动方式，拓展活动能力。只有照护者在反复体验中加深理解，才能将经验运用在实践中，提升照护能力。

卧位姿势包括所有将身体重量全部转移至支撑面的姿势，活动范围涉及从仰卧位到俯卧位的调整。需要卧位支持的被照护者通常无法做到这一点，因此需要协助其进行姿势调整，使其在任何一个位置都可以毫不费力地完全释放身体重量。如若做不到，则会有压疮风险。以仰卧位为例，仰卧位时各身体块需要将全部重量释放到支撑面，然而若胸部和骨盆不能完全释放重量，身体就好像一座桥，将重量集中压在两端。当头部及双脚承受的压力最大，容易导致压疮。因此我们不能单纯关注肉眼可见的局部压力，而要考虑整个身体的压力分布。我们也无法单纯地通过缓解足跟压力避免压疮，而是需要调整被照护者的活动模式，引导其扩大活动范围，主动调整姿势，从而预防压疮。

卧位姿势支撑的目的是帮助被照护者调整到适合自己的卧姿，每个身体块都能将自身重量转移至支撑面，被照护者能通过重心转移，增强身体各个部位的活动能力和范围。如果被照护者在短期内不具备姿势活动的能力，照护者应采取紧急措施，缓解危险区域的压力，避免形成压疮。但是，紧急护理措施并不是照护工作的终极目标，协助被照护者重新发现活动潜力、增强其自主调整姿势的能力才是照护工作的核心。

仰卧位下头部支撑

头部支撑非常重要，直接影响头颈部的活动能力。若头部能够获得有效支撑，就能向各个方向活动；若颈部肌肉张力升高或者头部活动范围过小，就会限制头颈部活动方向，并影响呼吸及吞咽功能。摩西·菲尔登克莱斯（Mosie Felden Klaus）（1988）也曾说过，"转动头部的能力决定各个部位肌肉张力的变化，因此整个肌肉系统都受到头部运动的影响。"

图 5-1 至图 5-3 展示了仰卧位下不同的头部支撑方式，供读者参考。

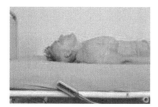

图 5-1 颈部过度拉伸

被照护者仰卧在床垫上，头后仰，颈椎几乎没有伸展空间，颈前喉咙部位张力升高。被照护者的头部需要获得支撑，才能增加头部的活动范围。

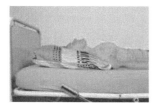

图 5-2 用软枕支撑头部

普通的软枕能帮助缓解颈部的过度拉伸，然而这种支撑并不充分。因为被照护者活动头部时，枕头的填充物挤向两侧，颈椎重新回到过度拉伸状态，两侧的填充物还有可能更加阻碍头部的转动。

图 5-3 用支持辅具支撑头部

专用支撑辅具的填充物更为坚实，支撑效果明显。图 5-3 中，头部获得稳定的支撑，可缓解颈部肌肉的张力。头部不仅有活动的空间还能通过转头调整全身的重心。

仰卧位下胸部及手臂支撑

手臂的活动离不开锁骨及肩胛骨，它们也可以看作手臂的一部分，共同影响胸部的活动范围。因此胸部及手臂支撑的重点是保证肩关节的活动度。另外，若被照护者能通过手臂背面转移胸部重心，就可以调整自身活动，这意味着被照护者能够不费力地调整胸部位置。

图 5-4 至图 5-7 展示了仰卧位下不同的手臂及胸部支撑方式，供读者参考。

图 5-4 手臂支撑

仰卧位中，手臂的理想状态是肩关节能自由活动，手臂的背面与支撑面相连，来转移重心。

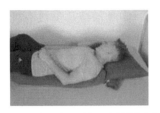

图 5-5 使用条形辅具支持侧卧位

将条形辅具垫在一侧胸部及骨盆下，空出腰部，让腰部有活动空间。手臂的重量通过上臂的背面和肘部转移到支撑面。同侧手放在骨盆上。肩胛骨能自由活动，协助调整侧卧的幅度和姿势。使用条形辅具，能让被照护者相对轻松地活动手臂、胸部和头部。

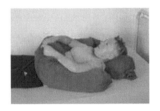

图 5-6 使用滚筒状辅具支持仰卧位

利用滚筒状辅具支撑手臂，保持肩关节活动度，较轻松地调整手臂及胸部姿势。滚筒状辅具同时也可以用作枕头。图 5-6 中的支持方式，还能促进被照护者手臂的血液及淋巴流动。

图 5-7 用楔形辅具支持侧卧位

将楔形辅具垫在一侧上臂及肘部下方，肩关节可以自由活动，可以支持被照护者较为轻松地调整胸部位置。

仰卧位下骨盆及腿部支撑

腿部与骨盆相连，能协助骨盆调整重心。因此在支撑腿部和骨盆时应特别注意保持腹股沟的活动空间。辅具不能限制关节活动，若被照护者的骨盆及腿部在各个方向都有运动的空间，被照护者就更容易自主调整体位。

图 5-8 至图 5-11 展示了仰卧位下不同的骨盆及腿部支撑方式，供读者参考。

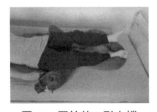

图 5-8 开放的 8 形支撑

将条形辅具卷成开放的 8 形垫于腿下，使膝盖略微弯曲，这样腿部活动方向不受限。可以根据需求调整足部位置减轻足跟压力，或用足底压住垫子，重点是跟腱处不受力。

图 5-9 四点式支撑

折叠条形辅具，在四个不同的点上进行腿部支撑。第一点位于腘窝上方，第二点位于小腿后侧，第三点位于脚踝处，这三点支撑可以保证小腿的活动能力。第四点支撑足底，被照护者可以通过踩踏辅具的方式调整姿势。

图 5-10 用滚筒状辅具架高腿部

如图 5-10 折叠滚筒状辅具，抬高腿部，弯曲膝盖。床脚辅多功能垫，被照护者可以通过踩踏转移身体重心。这种辅助方式可以缓解背部及腹部的肌肉张力，促进血液及淋巴流动。

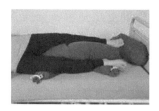

图 5-11 双腿侧位支撑

如图 5-11 所示，左腿压住滚筒状辅具获得支撑，右腿后侧倚靠辅具，将重量转移至支撑面。应用两个迷你垫支撑踝关节以缓解压力，被照护者在侧卧中能通过活动双腿不费力地调整姿势。

俯卧位支撑

能够生活自理的人，多数选择侧卧位作为睡眠姿势，而不是仰卧位。然而失去自主生活能力的被照护者的睡眠姿势也会发生改变，多以仰卧位或微加高身体一侧的卧位为主。目前，这种常见的现象还没有具体的依据，只是两个假说：

● 被照护者没有能力自主选择习惯的姿势。

● 照护者的刻板印象——仰卧位更适合患者。

但是，为什么不选择俯卧位呢？

建议照护者首先自行体验俯卧位姿势调整过程，积累经验，才能理解被照护者的需求并提供相应的支持。

图 5-12 至图 5-15 展示了不同的不完全俯卧位支撑方式，供读者参考。

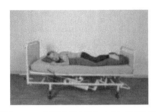

图 5-12 滚筒状辅具支持俯卧位

被照护者胸部的重量由胸骨传递至支撑辅具上，骨盆有足够的活动空间。右腿重量直接由床垫支撑，左腿重量转移至滚筒状辅具上。被照护者左侧腋窝打开，支持左臂自由活动。

 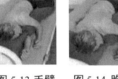

图 5-13 手臂　图 5-14 胸部
　的支持　　　的支持

如图 5-13 所示，被照护者双臂放于胸前。这种体位下，被照护者可以轻松转身至仰卧位。

如图 5-14 所示，被照护者只有左臂位于胸前。这种体位下，被照护者可以向完全俯卧位进行调整，但是却无法自行翻身至仰卧位，需要依靠照护者辅助调整姿势。

图 5-15 骨盆及腿部的支持

如图 5-15 所示，被照护者左腿伸直，足背获得支撑，便于左腿屈伸。右腿自然弯曲，置于滚筒上，通过足或膝盖按压辅具，带动骨盆活动调整姿势。由于主要是腿前侧受力，因此双腿可以自由活动。

保持完全俯卧位通常是医疗需要，如在重症监护室或者康复中心。图 5-16 至图 5-19 展示了完全俯卧位的支撑工具及方式，供读者参考。

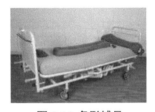

图 5-16 条形辅具

如图 5-16 所示，身体下方为直径 11 厘米的条形辅具，若被照护者使用呼吸机，则需要直径更大的滚筒状辅具。额头下垫小枕，条形辅具支撑胸骨及双侧髂前上棘。足背获得支撑，避免脚趾过度受力。

图 5-17 条形辅具支持的
全俯卧位（1）

如图 5-17 所示，小垫子放在额头下面，条状垫子支撑胸骨并协助双侧髂前上棘受力。再用一个垫子支持足背，避免被照护者的脚趾过度受力。如被照护者需要长时间保持俯卧姿势，辅具能帮助其体验到微调整，放松身体。

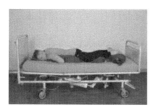

**图 5-18 条形辅具支持的
全俯卧位（2）**

如图 5-18 所示，右臂移至头部上方，左手移至胸骨下，左侧骨盆用楔形辅具支撑，辅助重心向右侧转移。

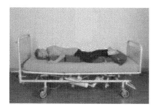

**图 5-19 条形辅具支持的
全俯卧位（3）**

如图 5-19 所示，被照护者重心已转移至身体右侧。在此基础上，胸部也用楔形辅具支撑，对比图 5-18，左腿屈膝的幅度更大。

卧位姿势微调整

本书反复强调姿势是身体不断适应调整的活动过程，如果仅每两到三小时调整一次被照护者体位并不能使其获得自主活动的体验，不能有效预防压疮风险，而姿势调整可以做到：

● 避免压疮风险。

● 学习各种姿势下的微调整。

● 自主调整姿势，改变体位。

● 轻松改变姿势，适应日常活动。

若被照护者缺乏主动调整重心的能力，照护者就需要协助其在姿势中调整重心，体验身体细微的变化。这就是在过去 20 年的实践中发展起来的——微调整，即体位微调。

人通常在睡眠时也会活动身体、调整睡姿，如动动腿、转个身、调整手臂的位置等。身体活动的幅度及频率还会受睡眠深浅程度的影响。当被照护者无法自主完成这些适应性动作时，就需要照护者运用分步的微调手法，帮助其小幅度、缓和地调整姿势。

用分步式的手法微调整体位是一门艺术，尤其适用于夜间照护，其重点是既能调整姿势又不打扰被照护者睡眠。为实现这一目标，需要照护者：

● 充分观察被照护者，是否有能力进行体位微调整，以及如何进行微调整。

● 若被照护者缺乏自主活动能力，逐步调整身体重心、改变体位就极为重要。

● 若被照护者无法自我调整体位，则需照护者的协助，利用辅助工具逐步转移重心。

● 夜间协助进行体位调整时，尽量不要完全拉开被子，防止被照护者受凉惊醒。

● 通常情况下，在一个位置进行体位微调即可，尽可能不做大的调整。

图 5-20 至图 5-24 展示了不同的分步进行体位微调整的方式，供读者参考。

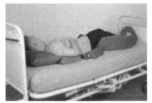

图 5-20 被照护者初始体位

由两个楔形辅具支撑骨盆及胸部，由一个滚筒状辅具及两个迷你垫共同支撑腿部，被照护者呈单侧微垫高的卧姿。

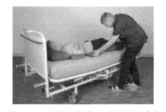

图 5-21 调整骨盆下的楔形辅具

从单侧微垫高的卧姿分步调整至仰卧位。

首先，向外轻拉骨盆下的楔形辅具，轻度调整骨盆位置。

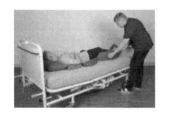

图 5-22 调整腿部的支撑辅具

其次，调整腿部支撑辅具，使双腿更为伸展。观察被照护者当前状况及活动能力，可以轻拉胸部位置的楔形辅具，轻度调整胸部位置。

以此类推，分步调整被照护者身体，直至仰卧位。

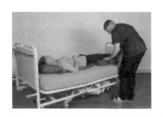

图 5-23 利用条形辅具调整姿势（1）

被照护者初始的仰卧位，由一个条形辅具从背部一直垫到腿下，由一个多功能迷你辅具支持另一条腿。

由仰卧位分步调整到单侧微垫高的卧姿的方法，向外轻拉条形辅具，改变现有重心分布，引导被照护者自然调整身体位置，直至单侧微垫高的卧姿。条形辅具更

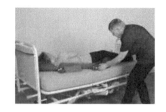

图 5-24 利用条形辅具调整姿势（2）

适合身体比较瘦小的被照护者。

楔形辅具能协助被照护者保持侧身入睡的习惯。另外，照护者还能通过向外拉动辅具，帮助被照护者调整体位。

分步进行姿势微调整的核心是通过轻拉支持辅具，协助被照护者调整身体块重心，将身体重量重新释放到支撑面上。照护者还可用自己的方式温和地进行姿势调整。

第三节 坐位姿势支持

建议再次阅读本书第二章基础体位——坐姿，并参与体验。通过再次的学习和体验加深对下列案例的理解。

坐姿（见图 5-25）各种各样，但都有一个共同特点，即头部和胸部的重量通过骨盆（坐骨结节）转移至支撑面。很多日常及职业活动都需要在坐姿状态下完成，如进食、写作、使用电脑、缝纫、绘画、游戏等。坐姿稳定是完成坐位活动的基础，请参考本书图 3-19 及图 3-20 的示例及说明。

图 5-25 不同的坐姿

出现以下情况，需要协助被照护者调整坐姿，避免压疮：

- 很难借助头部活动调整全身的重心。
- 胸部的活动能力受到限制。
- 手臂的活动范围缩小，影响到胸背部的活动范围。
- 骨盆的重量不能完全释放至支撑面，活动空间受到限制。
- 不能借助腿带动骨盆向不同方向活动。

椅子坐位支持

椅子是生活中必不可少的家具。例如：饮食、写作都要在椅子上完成——通常旁边还需要一张桌子。除了人的生理功能，椅子的结构及形状也影响着坐位活动能力。例如：我们一般不会坐在柔软的沙发上写字。

图 5-26 至图 5-29 展示了椅子上的不同坐姿及椅子坐位下身体不同部位的支持方式，供读者参考。

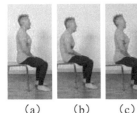

（a）　（b）　（c）
图 5-26 坐位骨盆位置

如图 5-26（a）：骨盆中立坐位，由坐骨结节将骨盆的重量转移至椅面，骨盆可自由活动，并能配合头部和胸部调整活动方向。

如图 5-26（b）：骨盆后倾坐位，重心后移，骨盆只能前后调整，活动方向受限。

如图 5-26（c）：骨盆前倾坐位，胸椎颈椎过度伸展，造成头及胸部活动空间减少。

图 5-27 椅面的形状

有些椅面呈前高后低状，坐骨无法得到有效支撑，部分身体重量由大腿转移至椅面，限制了骨盆及腿的活动能力。

图 5-28 骨盆支持

在坐骨结节下加放小垫，升高椅面，更好地支撑坐骨，减轻腿部负重，增加身体活动度。同时，双脚能更好地接触地面，协助调节身体重心。

图 5-29 缓解小腿压力

当被照护者双脚无法完全接触地面，则需要在脚下放置踏板予以支撑。如图 5-29 所示，双脚下加踏板，坐骨结节下可用床单折叠成垫子，缓解小腿及大腿的压力，协助稳定的坐姿。

轮椅坐位支持

轮椅已经成为很多被照护者的活动工具。顾名思义，轮椅是用作移动、改变位置的工具，不适合长期久坐。例如：用餐时，建议被照护者从轮椅调整到普通座椅。调整座位的过程中，被照护者有机会学习通过转移重心增强活动能力，体验不同姿势下的身体感受，有助于更久地保持活动能力。

图5-30至图5-33展示了轮椅对坐姿的影响及轮椅坐位下不同身体部位的支持方式，供读者参考。

图5-30 轮椅的椅面

一些轮椅的座位较软，易下陷，不够稳定。

图5-31 椅面对坐姿的影响

被照护者坐在较软的椅面上，大腿而非坐骨结节承担更多的重量，限制骨盆及腿部的活动范围。如果双脚不能与地面充分接触，会进一步阻碍被照护者在座位下的自主调整。

图5-32 轮椅坐位腿部支持

如果腿部将重量转移至稳定的支撑面，坐姿会更稳定。如图5-32所示，骨盆下加垫支撑物，使骨盆更容易向各个方向调整。被照护者的头部和胸部也会自然地挺直，保持身体的稳定。也可用折叠的毛巾等柔软的材料来支持自主活动能力较弱的被照护者。

图5-33 轮椅坐位足部支持

如果坐在轮椅上的被照护者双脚能踩在稳定的支撑物上，腿部肌肉的负重能得到缓解，并能提升骨盆的活动能力。因此，脚与地面的接触非常重要。稳定的坐姿还能支持腿部活动的灵活性。

床上坐位及床边坐位支持

坐在床边坐位时通常会遇到这样的问题，床垫过软或过高，双脚无法踩在地面。图 5-34 至图 5-37 展示了软床垫对坐姿的影响及床上床边坐位下不同身体部位的支持方式，供读者参考。

图 5-34 软床垫对坐姿的影响

坐在过软的床垫上会导致骨盆后倾，身体重量不能完全通过坐骨结节释放，多由双腿承担，这使腿部不能有效支持骨盆活动，同时增加的肌肉张力还会影响到全身的活动能力。

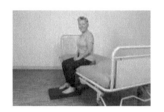

图 5-35 用楔形辅具支持骨盆

使用两个楔形辅具支撑骨盆，重心能通过坐骨转移到支撑面。双脚通过脚踏与地面接触，能缓解腿部的压力保持身体的稳定性，头部和胸部自然挺直向上。

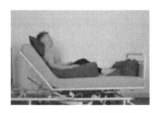

图 5-36 床上坐位支持

通常很难在床上找到合适的坐姿，主要有两个原因：床垫太软和双脚缺乏支撑。如图 5-36 中，枕头支持被照护者的头部，胸部能自由活动，用滚桶状辅具支持手臂和腿部的重量，脚下的垫子帮助调整全身的重心。

注意：照护双方需要互相沟通，不断调整才能找到适合的坐姿。

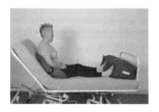

图 5-37 打造床上坐姿环境

照护者可借助辅具帮助被照护者在床上创建坐姿的环境。如图 5-37 所示，先支持被照护者侧身，将条形辅具放在膝下，再逐步垫到骨盆下，支撑坐骨结节，其余部分继续向上延伸，从侧面看好像座椅的椅背。脚部由多功能垫支撑，支持腿部活动并带动骨盆调整姿势。

帮助被照护者创建床上的坐姿环境，也可为下床活动作准备。

第四节 呼吸支持

很多时候呼吸困难的被照护者需要卧床休养。这要求照护者掌握支持呼吸的基本原则。具体如下：

- 全身的重量能有效释放到支撑面。
- 肌肉放松，具有自由活动的能力。
- 能轻松调整姿势。
- 通过手臂活动能调整胸肌张力。
- 通过腿部活动协助骨盆保持灵活性。

床上坐位及卧位呼吸支持

图 5-38 至图 5-40 展示了床上坐位及卧位呼吸支持方案，供读者参考。需要注意的是，支持方案是否有效并不取决于方案本身，而是取决被照护者是否真实感受到呼吸顺畅，这也是支持的目的。

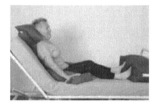

图 5-38 床上坐位呼吸支持

使用条形辅具在床上搭建坐姿的环境。将条形辅具的两端放置在胸部下方，保持肩部能自由活动，增加呼吸时胸部的伸展能力。用楔形辅具支撑手臂，协助胸部调节肌肉的张力。脚通过踩压支撑物带动腿部活动，并协助骨盆自由活动，为横膈膜呼吸（腹式呼吸）创造空间。

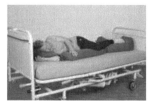

图 5-39 侧卧位呼吸支持

很多人认为直立的坐姿有助增强呼吸能力。事实上，通过手臂及腿部的活动帮助全身调整肌肉张力，同样能提升呼吸能力。如图 5-39 所示，照护者能用胳膊推拉身体，并借助脚的姿势使骨盆跟随活动。

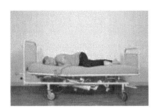

图 5-40 俯卧位呼吸支持

俯卧位也可以体验到顺畅的呼吸。如图 5-40 所示，将多功能垫放在胸下，当胸骨的重心能有效地转移到支撑面，肋骨就更能支持呼吸。被照护者还能借助手臂的位置帮助调节肋间肌张力。

椅子及床边坐位呼吸支持

很多情况下，呼吸困难的人偏爱坐位，可以通过改善坐位环境支持被照护者呼吸能力。图 5-41 至图 5-44 展示了椅子及床边坐位下的呼吸支持方式，供读者参考。

图 5-41 椅子坐位呼吸支持辅具

如图 5-41 所示，辅具包括：一个条形垫子、两个多功能迷你垫、一个脚踏。

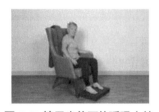

图 5-42 椅子坐位下的呼吸支持

如图 5-42 所示，用条形辅具支撑脊柱，保持肩胛骨活动空间。手臂辅助胸部活动，增强呼吸功能。两个多功能迷你垫提升骨盆活动能力，为横膈膜的运动创造空间。脚踏的作用是减轻大腿负重，帮助骨盆保持活动能力。

图 5-43 借助桌子的椅子坐位呼吸支持

如图 5-43 所示，将双手放在桌子上，用多功能迷你垫支撑手臂协助胸部放松，使呼吸更加通畅。

照护者可以协助被照护者尝试多种姿势，不断调整找到适合被照护者的方式。

如图 5-44 所示，用多功能垫子放在桌上，获得支撑的胸部还能借助手臂的活动能力调整呼吸。

图 5-44 借助桌子的床边坐位呼吸支持

在本章的最后，我们再次强调支持呼吸的原则：支持方案是否有效并不取决于方案本身，而是取决于被照护者是否真实感受到呼吸顺畅，这也是支持的目的。

参考文献：

[1] BERGER W，DIETZ V，HVFSCHMIDT R，et al. Haltung und Bewegung beim Menschen. Physiologie，Pathophysiologie，Gangentwicklung und Sporttrai ning [M]. Berlin：Springer Verlag，1984.

[2] FREDERIK BUYTENDIJK. Allgemeine Theorie der menschli-chen Haltung und Bewegung. Als Verbindung und Gegenüberstel-lung von Physiologischer und Psychologischer Betrachtungsweise [M]. Berlin：Springer Verlag，2014.

[3] European Kinaesthetics Association. Kinaesthetics Konzeptsystem [M]. Linz：EKA Lehrmittelverlag，2019.

[4] FROMM ERICH. Therapeutische Aspekte der Psychoanalyse：Band XII [M]. München：Deutsche Verlagsanstalt，1991.

[5] KNOBEL RUTH. Störe nie den Gesundheitsschlaf! Es gibt nichts Schlimmeres als ständig geweckt zu werden [J]. Die Zeitschrift für Kinaesthetics，2014（2）：39-44.

[6] LORIOT. Feierabend [EB/OL].[2013-10-20]. http://www.youtube.com/ watch?v=AxQ7oq-OTXll.

[7] SMITH K. Cybernetic Psychology. [M]// SINGER，ROBERT N. The Psychomotor Domain. Philadelphia：Lea & Febiger，1972.

[8] SMITH K U，SMITH THOMAS. Wissenschaftliche Beiträge der Verhaltenskybernetik [J]. Kinäs- thetik Zeitschrift，1995（5）：45-76.

[9] FOERSTER HEINZ VON. Das Konstruieren einer Wirklichkeit [M]// PAUL WATZWALICK. Die erfundene Wirklichkeit. Wie wissen wir，was wir zu wissen glauben. Beiträge zum Konstruktivismus. München：Piper，1995.

[10] NORBERT WIENER. The Human Use of Human Beings : Cybernetics and Society [M].
London : Da Capo Press，1998.

附录

附录 1 文章精选

姿势活动的研究及发展

姿势活动的科研与实践

姿势活动的理念已经在实践中广泛应用及传播很多年，实践对姿势活动的研究非常重要。护理者在实践中的创新想法，需要经过充分、深入的科学研究才能进一步应用于实践工作。我们相信，在照护领域还有更多值得探索的未知方法需要发现。

在姿势活动的研究中，以下问题有待于在实践中检验、审视及研究：

● 如何在日常生活中帮助被照护者有意识地关注自身姿势活动？

● 如何分步支持被照护者，以满足其日常活动要求？

● 如何帮助被照护者在分步活动中建立姿势调整改变肌肉张力的意识？

● 如何在夜间协助被照护者调整姿势，又不打扰其睡眠？

● 如何利用姿势调整改善被照护者的呼吸能力？

在姿势活动的研究中，以下课题需要更系统的护理科学研究：

● 研究姿势微调整对照护者的影响：包括预防压疮、支持被照护者自主活动及对日常生活活动能力的影响。

● 研究个性化卧位活动支持是如何影响被照护者活动能力及预防压疮的。

● 研究个性化活动支持对长期被照护者的生活自立性及生活质量的影响。

● 研究睡姿对长期卧床的被照护者的影响——为什么长期卧床者很少采用俯卧位？

姿势活动的发展前景

姿势活动的研究源于运动知觉学关于活动支持的理念，在科研实践中持续发展，本书总结了迄今为止姿势活动领域的最新研究成果，但仍需继续研究发展，并有待护理者在实践中进一步完善及优化。

让我们在姿势活动领域共同探索。

本书阐述了姿势活动的理念及发展现状，然而这并不是姿势活动研究的终结，只是开始。姿势活动拥有巨大的潜力，为了进一步研究及发展姿势活动对活动能力的影响，我们将致力于以下三个层面的工作：

1. 教育和教育理念

照护是个性化的工作，任何步骤、技巧和窍门都无济于事。提升被照护者个体活动能力，需要照护者提供有针对性的个性化支持。因此我们根据照护实践来制订教学方案，帮助照护者在日常工作中主动调整支持方式以适合不同的被照护者。

2. 数字化学习平台

利用数字化教育的优势，及时更新最新的资讯。

3. 辅助工具

不断地开发辅助工具，支持被照护者更加适应活动环境，提升活动质量以促自主活动能力。

——斯蒂芬·克诺贝尔

生活质量模型

本文汇总了作者理查德·享尼西（Richard Hennessey）和斯蒂芬·克诺贝尔（Stefan Knobel）在两年的深入研究之后形成的观点。他们基于人自然活动的倾向，提出了"自主性""成就感""参与度""充实感"这四个维度，探讨了这些维度如何综合影响个人的生活质量。

模型的理论基础

身心一元论提出后，人们开始认识到心理上的情感表达与身体表达虽不同，但它们是相互作用、共同进化的。人体不仅是心灵的容器，日常行为和周遭社会及自然环境的互动均深刻影响着我们的内心感受和行为模式。在当前强调个体意识形态的时代，重新定义个体发展，并探索心理与社会因素如何塑造个体成长显得尤为重要。

1. 生命的特征

生命是一个依赖身体存在的精神信息处理过程。以下五个生物特征阐述了身体与心灵的统一：

● 生命诞生后，会进入一个不可逆的持续发展周期。

● 生命体能从内部及其环境中获取信息，并作出独特反应。

● 生命具有繁衍能力。

● 生命过程是体现在身体组织持续发展上的，其主要受运动影响。

● 生命维持身体结构和功能的新陈代谢系统。

这些特征不仅展示了存在与行为的统一性，也指出生命行为与心理、环境的密切联系。人的心理过程由信息触发，并由身体的各部分协同产生（Maturana Varela，1984）。其中信息定义为"产生差异的决定因素"（Bateson，1987）。虽然物质和能量可传递信息，但它们本身并非信息。这种观点假定心智从物质中涌现并与之相连，具体机制仍需进一步探索（Petzold，2011）。因此，探究运动如何独立且关键地影响生命的五大特征，以及生命的持续发展过程，是研究的重点。

2. 人的成长与发展

生命本质上是一种持续进化的生物实体。在人类生命过程中，运动不仅是成长的基本要素，还是人体学、化学、生物学、心理学等各种学科的催化剂（Wessel，2015）。在这一发展过程中，人类的可塑性扮演着至关重要的角色。

3. 可塑性的多维作用

可塑性指的是人类面对挑战时的适应能力，这种能力在遭遇逆境或健康受损时尤为显著（Olpe、Seifritz，2014）。虽然神经科学通常将可塑性概念局限于大脑，实际上它同样适用于运动和感觉系统，这些系统不断通过升级和改造来应对外界挑战。因此，人们通过日常活动中的自主行动持续地提升自己的生活质量，这种影响最终贯穿其整体发展。

4. 以人为本的生活质量提升

当环境满足个体的基本需求时，生活质量的提升便成为人们追求的重点。基本需求的概念在20世纪70年代由芬兰社会学家埃里克·阿拉特提出，包括拥有、爱和存在（Noll，2000）。这种表述虽然抽象，难以具体定义和实施，但对生活质量的研究从未停止。理查德·瑞安和爱德华·迪西提出的自我决定理论强调了三个心理基本需求：能力感、社会归属感和自主性（Ryan、Deci，1993）。他们发现这些需求跨种族和文化普遍存在，是人类天生且跨时代的特征。例如：石器时代的人类就已经认识到，与其单独打猎，不如通过团结合作来更有效地狩猎或抵御野兽，这种认识促进了对社会归属感的追求。同时，当时的社会也形成了分工明确的小组，如制作矛头的工匠。在这些小组中，一些人在特定技能上比其他人更加熟练，这促进了对自主性的追求。此外，狩猎的成功对生存至关重要，从而激发了对能力感的追求。

5. 基本需求的扩展与整合

基本需求具体而易于辨识，同时也具有一定的可塑性。德国研究者马库斯·凯迪提出，在现有的三个心理基本需求的基础上，应当增加对兴趣的追求（Keddi，2008）。然而，我们认为兴趣只是丰富生活体验的一个组成部分。因此，在基本需求中应增加对生活充实性的追求。

6. 自我决定理论中的人际互动限制

在自我决定理论中，基本需求与人际互动的关系尚未得到充分阐释。例如，护理工作中的标准操作流程限制了护理人员的自主性，他们无法采用能促进被照护者个性发展的护理方法。从这个角度看，患者成为规则中被动的接受者，护理人员同样受到被动规范的约束。目前为止，自我决定论中对于互动关系的考量仍显不足。此外，人的动机理论也缺乏对个体运动能力的关注。

7. 基本需求与动机理论的融合

心理动机理论包含一个悖论：动机一词源自拉丁语"movere"，意味着"移动"。身体运动是生命的基本特征，但心理学理论往往忽略了这一方面，更倾向于从心智角度抽象地处理问题。如果将运动或运动感知纳入基本需求的定义——包括自主性、能力感、社会归属感和寻求意义，我们便可避免心理/精神与身体的二元对立。以护理为例，护理人员通过感知自身运动来维持独立性，同时通过引导和响应病人的运动来促进病人的自主性，体现出身心一体的护理实践。

因此，基本需求的理念应当从心理社会模型转变为生物心理社会模型，简称为人类的基本需求。所描述的四个基本需求不仅是影响个人生活质量的关键因素，还与第五维度——运动能力紧密相连，共同构成了影响生活质量的多维体验。

生活质量模型的五维展开

两位作者在综合考量生活质量后，提出了一个包含五个维度的模型。这些维度的定义、内容与意义预计将在未来几个月中继续深入探讨。目前，这些观点提供了一个讨论的切入点。

1. 运动能力的多层面理解

"运动能力"通常被理解为人在特定情境下展现出的灵活性和快速反应能力，大多数人可能会将之与体育运动的强度以及体操或杂技等活动联系起来，这关系到运动能力的"可见性"。对许多人而言，追求这种能力是一种乐趣或职业选择。然而，运动能力还有一种更基本的形式，即"产生运动的方式"，这通常是人们无意识中的动作。因此，虽然运动能力常被视为具体且可见的，但是实际上其更深层地体现在人的内在发展中，这种发展从视觉上通常只能有限地被感知。例如，人在闭眼站立时，尽管很难保持完全不动的姿势，但这种细微的动作对第三者来说却不易察觉。运动能力蕴含着人类发展的巨大潜力，仍待我们进一步发掘。

2. 有意识的运动与自我形象的关系

每个人的言语、思维、感受和行为都是自我形象的反映。要改变行为，首先需要改变心中的自我形象。我们的思维受到运动、感知和情绪的影响。例如：当运动的"方式"发生变化时，我们的感受、思考和情绪也会相应改变（Mosie Felden Klaus，1996）。这种运动方式深入我们存在的核心，让我们意识到基本的生活需求，并通过自主性、联系感、有效性和有意义的感受得以体现。

3. 自主性：深入理解与误区

"自主性"是指个体在思想和行动上的自由选择能力，这种能力带来了一种自由的感觉。例如：当人们有选择权时，他们感觉到自由。那么，为什么打破规则会带来快乐？为什么好意的帮助有时会引发烦恼？尝试帮助他人时，为什么有时难以找到合适的话语？为什么选举投票率下降，而政治疲劳感却增强？难道人们仅仅是因为懒惰或不感兴趣而不去投票吗？面对不愉快的对话，我们是表达真实想法，还是说出对方想听的话？为什么即使内心拒绝，我们还是会说"是"？为什么我们常常感到需要向他人证明自己？为什么绩效工资会降低工作热情？学习成绩的下降为何会减少学习的乐趣？

这些问题的答案都与自主性的维度密切相关。自主性涵盖了自愿行动的感觉，即使在极端情况下，如因信仰而坐牢，人们也可能因为与自己内心的标准和信念保持一致而感到自愿。

自主性常被误解。许多人认为自主性仅仅是对自由的渴望，将其视为自驱力的源泉。然而，这种理解经常与自主性的错误解释相联系，人们误以为自主性意味着可以随心所欲。实际上，在许多情况下，这并非真正的自主性，而是出于内在压力的一种反抗。

4. 自主性的认知限制与超越

通过认知工具，如语言，人们的自主性往往被有意或无意地限制。然而，采用马歇尔·罗森伯格（Marshall Rosenberg）的"尊重性沟通"等方法，可以增强他人感受到的自主性，有助于避免或解决冲突。尽管这种方法有效，但它们并不能深入揭示人们感受不自由的根源，即"在行走或站立的方式中，我们往往不自觉地用别人的意志替代了自己的意志"（Green，1990）。只有站在自由的立场上，人们才能真正发挥自己的潜力，这需要更深入的方法来实现。

5. 体验自由的心理动力学

心理治疗师阿诺·格林（Arnold Green）曾记录了 1979 年在慕尼黑大学医院举行的由摩西·菲尔登克莱斯（Mosie Felden Klaus）主持的会议。会议聚集了医生、心理学家和物理治疗师等专业人士，他们都认为自己是过着自主生活的个体。此次会议的目标是通过全新的身体体验，实现参与者思维与感觉的整合。在为期两天的会议中，菲尔登克莱斯引导参与者通过身体运动体验自由。然而，这种自由的体验并没有带来预期的愉悦感，反而引发了团队成员的不安、愤怒和攻击，他们对菲尔登克莱斯提出了批评。这种反应揭示了一个深层次的心理现象："当我们以某种方式生活于自己的肉体之外时，我们开始害怕那种通过自我感知突然觉醒的自由。"（Green，1990）这种体验的冲击希望能促使参与者进行深刻反思并从中学习。

我们对自由的恐惧深刻影响着我们的生活质量。要真正活出有意义的人生，我们必须学会面对并克服这种恐惧。

"成就"意味着能够成功地掌控自己的生活过程、与人的互动以及在环境中的角色认知。例如：为什么孩子们不愿意接受帮助，而更愿意独立尝试？为什么部分青少年会表现出暴力行为？为什么一些照护者可能会放弃自己的专业角色？为何有些人在辛苦工作一整天后，仍能带着满足感高兴地回家？所有这些问题都围绕着"成就"展开。

再举一个例子，如果照护者成功地帮助一位被照护者重建了自主生活的能力，那么双方都会获得成就感。在这种情况下，成就感基于被照护者身体的恢复和运动能力，因为日常生活的自主性建立在恢复活动能力的基础上。

然而，成就感不仅限于与运动直接相关的职业。诺贝尔奖得主尼古拉斯·廷伯根（Nikolaas Tinbergen）在他 1973 年的诺贝尔奖颁奖演讲中强调了身体姿势与运动之间的联系，并分享了他是如何在短时间内通过提升运动技能而改善了自己的身体控制能力。他在演讲中特别关注这一点，而非他获得诺贝尔奖的主要工作。这种强调虽然让听众感到困惑，但它明确指出了一个观点：通过运动技能的提升，将情感、思想和身体整合在一起，使我们在生活中更加高效，这本身就是成就感的一种表现。

6. 参与感的深层含义

"参与"不仅是我们与他人共处时的积极体验，也包括他人在我们陪伴下的感受。

这种双向情感交流极其重要。例如：性行为不仅仅是生理需求，它也包含了深层的情感交流。婴儿如果缺乏身体接触，那么他们的生命健康可能会受到威胁，这突显了早期亲密接触的重要性。在幼儿园，一个支持性的环境可以帮助孩子应对高应激激素水平。美好的假期回忆和偶遇能给我们带来好心情和动力，甚至帮助我们在面对负面信息或霸凌环境时可以更自由地学习和工作。神经生物学家乔阿希姆·鲍尔（Joachim Bauer）指出，我们在人际关系中寻求和给予的认可、尊重和关怀是推动我们行动的核心力量。

7. 充实感，生活的价值和意义

充实感来自参与有价值的活动，这些活动能激发我们内心的积极反应。想想看，我们早上为什么要起床？因为我们想要投身于对我们有意义的活动。这些活动让我们感觉自己是更大社群的一部分，有时甚至让我们感觉超越了自我，如与人深入交流时的"融合"感。这种体验往往与身临其境的活动有关，不仅能留下持久的美好记忆，更能让人感受到活动能力的重要性。

展望未来：全新的生活质量模型

希望生活质量模型的诞生能推动人类进入一个新的意识阶段。这种模型不应仅为个人提供指导，从而提高生活质量，应更受到政府和全社会的重视，为老龄化社会中人类面临的各种问题提供数字化的思路。摩西·菲尔登克莱斯曾说："运动即生命，生命是运动的过程。提高运动过程的质量，即提高生活本身的质量。"这种理念激励我们进一步开发生活质量模型，并超越传统的竞争思维，鼓励基于社区及共享原则的开放式发展。

开发生活质量模型和共享平台希望推动所有人的共同进步。我们还将在姿势活动的平台上全面开放资源共享，为每个人创造更多的机会和可能性，提升社会的创新能力和适应性。

——理查德·享尼西、斯蒂芬·克诺贝尔

"坐姿"的思考

在关注自己的姿势，或有意识地观察其他人活动时，不同的"坐姿"引起我想深入了解的兴趣。"坐"，与我的个人生活和照护残疾人的工作有着密切联系。在本文中，我将与大家分享一些关于"坐姿"的思考和观察，以及其在照护工作中的应用和改进。

"坐"不是一种被动状态

德语字典中"坐"的定义是："一种姿势，通常是上身直立，臀部和大腿与支撑物表面相连，脚放在地板上。"在我看来，定义反映了大多数人对坐的理解，即一种相对被动的状态。事实上，只要把注意力集中在坐姿上几分钟，就会意识到，身体在不自觉地活动。这种无意识的调整频率和方式取决于当时座椅的类型。座椅支撑人的骨盆、腿和脚的重量，协助身体的重心转移到支撑面。坐在椅子上的人，只需要保持头部、上身及骨盆之间的平衡关系。坐着的时候，任何一个小小的调整，都能起到放松身体或调整身体平衡的作用。人通常意识不到这种自然的姿势调整，而这种"自然"却是人体运动系统、感觉系统和神经系统之间信息交换、相互反馈的结果。

因此，坐姿并不是一种被动的、静止的状态，而是一个高度复杂的、频繁调整的过程。生活中，如吃饭、写作、说话等，很大一部分活动离不开坐姿，这就不难理解，坐姿的复杂性也与日俱增。

坐——当代生活的反映

在查阅与"坐"相关的资料时，我看到哈教·艾克霍夫（Hajo Eickhoff）在文章中讲道："现代人生活在椅子上。……这仿佛已经约定俗成。文化不同、环境不同的人，都拥有大同小异、腰背挺直的坐姿。坐着是现代人的特征，并夹杂着各种活动的角色。人坐着工作、吃饭、唱歌、玩游戏。就连在集体活动中，也是大家围坐在一起，两三人一组或是单独坐。人已经成为一种椅子上的生物，生命中大部分时间与坐相伴。主要的事情是坐，其他都是次要的。"（Eickhoff，1997）。哈教·艾克霍夫以批判性的思维，重新审视了"坐"对现代生活的影响。

这就不难理解，座椅已成为家具中不可缺少的物件。具备坐的能力也已成为能够参与社会活动的必要条件。很小的孩子就被放在椅子上坐，也是为了融入社会。儿童座椅的快速发展，也不会让人感到惊讶。

这些年，残疾人使用的轮椅改良、发展得十分迅速。那些受自身条件限制，很难保持上身直立的人，通过使用改装座椅，就能实现正常坐姿。现在，还有各种类型的电动轮椅，不仅能实现坐，还能让残疾人实现四处"走动"。在我照护残疾人的日常工作中，更能感受到这些设备的发展。

我不擅长"久坐"

总结自己多年的坐姿"体验",结论是:我不能好好地坐着。这并不特指我坐的姿势,而是指我不能长时间坐着。只要时间一久,我就感觉髋关节疼痛,开始在椅子上躁动。我上学时就觉得,静坐很难。护理工作正是我喜欢的职业,因为相比在办公室里整天坐着,这种跑来跑去、与人交流的工作更适合我。尽管坐着不动的场景在生活和工作中是不可能完全避免的,如参加培训、和亲朋聚会、参加孩子的家长会等。

深入研究坐姿时,我从自身出发,提出以下两个问题:

● 为什么"久坐"困难?
● 怎样改善椅子和姿势?

分析现状,寻求答案

运动知觉学的知识帮我找到第一个问题的答案。"功能解剖"中讲道:人体的组织块多用于承担身体的重心;连接部带动身体块向不同方向活动。将知识点对照自己坐姿时,我很快意识到,多数椅子对于身高只有 1.57 米的我来说都太高了。坐着的时候双脚不能完全踩地,腿部的重量就不能有效转移到地面。因此,大腿和骨盆之间的连接部就要承担更多的体重。显然,我的坐姿并没有让我感到完全放松。

这些年来,我会习惯地仅坐在椅子的前半部分。我发现这种无意识的调整可以使腿的重量通过双脚转移到地板上,减缓椅子过高带给我的不适。

多种方法,调整坐姿

在思考第二个问题时,我很快联想到运动知觉学中的"周边环境"概念。我开始学着打造适合自己坐姿的环境。例如,脚下放一个凳子、一个行李箱、几本书或是我的手提包。在不同的场合,我找寻一切可以让我坐得更舒服的辅具。有时我想,要是能发明一个可充气的小凳子就好了。它可以当脚踏板,也可放在背上当靠垫。当我盘腿坐时,还可以放在中间。

我生来就喜欢活动,或许永远不会爱上"久坐"。而现在的我,主动改善坐姿后,已经能坐得比以前长了很久。

将知识带入工作

在向自己提出问题,找到原因和解决方案的过程中,我对坐姿有了独特的见解。我很快联想到该如何将知识应用到工作中。首先我想分享一下为什么会有这个想法。

我工作的残疾机构中,很多人每天都是以同样的姿势坐在特制的轮椅上数个小时。

由于身体的限制，需要辅助姿势的坐垫、背垫、扶手、束腰，以及对头、脚和手臂进行支撑的工具。个性化设计的轮椅是满足人体需求和社会需求的一种尝试。然而，这些人通常也很少有机会改变他们的坐姿，他们像是被"困"在座位里。

自我价值

事实上，坐姿同样受地球重力的影响。按照反馈控制论的推论，人需要不断调整重心以保持平衡的坐姿。因此，坐姿是身体活动的一种状态。然而，残疾人受到活动能力的约束，只能保持固定姿势，支撑坐姿的坚硬辅具也明显地限制了身体自由调整的可能性。如果人不能主动地参与自身的重心调节，甚至身体没有自由活动或微调整的空间，那么他将无法体验到身体的活动能力、自我价值。

社会参与感

为残疾人改造的座椅也有其存在的理由。如前所述，在我们生活中很大一部分活动是在坐姿下进行的。为了让残疾人更多地参与到社会生活中，帮助他们实现腰背挺直的坐姿十分必要。通过和外界的接触，他们的精神状态也更积极、乐观。除此之外，相比只能卧床的人群，坐姿更利于进食。

我所希望的是，创建一种残疾人的坐姿环境，让他们既能参与到社会活动中，又能体验到自身活动的效能。

矫形轮椅的类型

矫形骨科将轮椅坐姿分为"主动式"和"被动式"两种。主动的定义并不是指自由活动，而是指给活动受限的人群定制的坐姿。因此，轮椅的结构有精确的规范，如坐下后，脚、膝盖和髋关节之间约为90°直角，双腿与髋部同宽，通过头枕让头部保持挺直。对保持坐姿有一定难度的人群，座椅像是个硬壳。这种硬壳类似于紧身衣，还可充当体形的"矫形器"。

轮椅的被动式矫正适用于那些由于身体结构不容许强行挺直坐起的人群，上半身的设计更倾向于后仰，类似于半躺的姿势。

矫形轮椅的副作用

我观察到，矫形轮椅的设计忽略了人体运动能力的复杂性，它将人体仅视为一个躯壳，通过外部调整，将其固定在一个位置上。然而生命的发展是一种不断适应环境的过程。试想，一个每天数小时坐在轮椅上的人，他的身体也会适应其环境，即轮椅。

由于上身受到外界强大的支撑，自主活动有限，关节活动范围缩小，肌肉逐渐萎缩。众所周知，越活动越能提升运动感知力。那些被固定在坐姿位置上的人群，感知运动能力的趋势是在下降的。

此外，有些轮椅的设计和质量也有一定缺陷，这将对大部分时间坐在轮椅上的人造成灾难性的影响。在我工作的机构中，有的人长年把双脚放在轮椅脚踏上，脚逐渐失去了与地板接触帮助身体调整重心的能力。结果，上身肌肉张力会逐渐升高，身体越来越向前倾斜，从而将重心转向腿部，身体越来越趋向僵硬。

不恰当的坐姿还会引发很多负面影响，如呼吸变浅、吞咽困难、消化不良、疼痛感增加或情绪波动大。

生活中没有一件事是独立的、不受外界相互影响的。身体的变化也同样受坐姿环境的影响。

没有两全其美的选择

无论是矫形器还是轮椅的设计，都很难让活动能力受限的人群在自由活动和支撑身体之间获得平衡。因此，矫形师会建议，协助轮椅上的人活动身体或让其在不坐轮椅时学习姿势调整。

新型的坐姿矫正器的靠背除了提供稳定支撑以外，还能"顺着"身体向后调整，增加了使用者的活动范围，并起到帮助使用者调节肌肉张力、减少肌肉痉挛的作用。

可见，轮椅的设计者已经意识到，保持直立、僵硬的坐姿并不利于使用者健康的发展，为轮椅的使用者创建主动活动的姿势是未来设计的调整方向。

知识改变生活和工作

通过研究坐姿，我观察到很多现象。我开始思考如何把收获的知识转化到日常工作和生活中。

我列出了以下几个方向：

——协助轮椅上的人调整坐姿，引导其姿势活动。

——改善轮椅的结构，创造活动的空间和可能性。

——创建轮椅以外的活动环境。

——拓展自己的运动能力，特别是在垫上的活动。

——主动调整坐姿，体验环境对坐姿的影响。

创建活动空间

轮椅在残疾人的日常生活中起着重要的支持作用，但轮椅的设计初衷并不是让人在椅子上度过一整天的时光。然而，大多数护理机构的实际情况表明，残疾人每天在轮椅上度过十个小时或更长，中间只会因生活护理短暂离开。我想为他们打造一个在轮椅之外的活动机会。

在同事和机构的支持下，我们在日间护理中心找到了一个房间。在房间里铺了一个 2.2 米 ×2.2 米的垫子，可供人在地上翻滚。周边也留有空地，坐在轮椅上的人可以观摩或加入活动当中。

此外，我和一位同事每周组织一次活动，邀请不同的人参加，让大家逐步认识到在垫子上活动的意义，希望更多的人参与到活动当中。

改变需要时间

有了帮助活动受限人群提升运动能力的想法，也有了活动的场地，同事们也很支持，但愿意参加活动的人却不多。我注意到，最常见的原因是他们"离开轮椅的恐惧"。对他们来说，在轮椅上意味着独立（如用电动轮椅）和安全。在轮椅之外，失能的无力感让很多人不愿意面对。

我注意到，只是身体活动能力有限，而认知水平较高的人，他们的恐惧感更强烈。相反，身体和认知能力都有一定不足的人群，对离开轮椅的活动更感兴趣。另有一部分人认为，轮椅已经是身体的一部分，脱离了轮椅他们的形象就会发生变化。许多人不知道，也从没想过他们的运动潜力，所以也没兴趣参加活动。

随着时间的推移和我们不断地鼓励，逐渐有人离开轮椅到垫子上活动，发现自己身体的潜能，如附图1-1和附图1-2。活动期间，他们每一个变化，每一次尝试都鼓舞着我，让我感动。同时，我也不再"玻璃心"，而是平常心地接受他们的拒绝。改变是需要从心开始的，而不只是靠外界的强求。此外，有意愿作出改变的人也需要更多时间。

附图 1-1 英沙·松嫩贝格与被照护者（1）

附图 1-2 被照护者

运动能力拓展

对于任何一种能力的培养来说，坚实的基础是关键。拓展运动能力也同样需要从基础开始。这样才能在日常活动中提升活动能力。这需要在仰卧位上练习大量的动作，如从仰卧或俯卧位的翻身、滚动、四肢支撑、爬行等。人们在熟悉的姿势中，重新体验细微改变对身体变化的影响及不同的动作组合对活动质量和能力的影响，然后将获得的知识和增长的运动能力带入坐姿的环境中。

调整坐姿

由于残疾人长时间坐在轮椅上，如果不经常活动，身体容易变得僵硬，更不利于活动。我开始协助他们调整坐姿。坐姿的调整同其他照护措施一样，需要按照当时的状态，提供因人而异的帮助。有时，我只需要提醒他们活动身体，注意靠背或脚踏的姿势；在大腿下面或胳膊肘的位置垫上一条毛巾，被照护者就会跟着调整姿势。他们能真切地感受到调整坐姿后有不同的体验。

调整轮椅

有的轮椅尺寸不合适或不再适合使用者现在的状态。例如：太长的脚踏板不利于身体放松；靠背老化，向后弯曲，支撑力度有限；头枕过于靠前，容易形成弓背、缩头等坐姿。这就需要重新评估轮椅的匹配度。

有些问题，细心的照护人员只需要语言交流，或使用毛巾、较厚的毯子，就能帮助被照护者改善在轮椅上的坐姿。一个已经坐惯了轮椅的人，也会偶尔觉得不舒服。因为人的情绪、身体状态，每时每刻都可能不一样。照护者需要经常询问，或许仅是一个细微的调整，就能大幅改善被照护者坐姿的舒服程度。

现在有很多量身定做的轮椅或多功能轮椅值得推荐。这些轮椅在设计时就考虑到各种活动的可能性，很多部分是可以拆卸和调整的。例如，坐垫、扶手、侧边部件、脚踏和头枕等。这不仅让坐在轮椅上的活动更多元，还创造了轮椅转移时自主参与的可能性。

有意塑造坐姿环境

运动能力能通过不同的体验在无意识当中发生变化。当我认识到这一点后，开始主动改变环境，注重体验。例如：坐着、躺着、跪着或站着；在不同的支撑物上活动，对比不同坚硬度的辅具对身体的支撑及动作质量的影响；不同的座椅，有靠背和没有靠背时会对坐姿产生什么影响；头靠向座椅后背的姿势对上身活动空间的影响；手臂对支撑身体平衡有怎样的作用……

我尝试和感兴趣的人一同体验，交流感受。当然，还有更多有待发现的体验活动。在生活中，我们反复创造情境，感受不同的体验。这些加深了我对坐姿活动的理解并鼓舞我将知识带入工作、支持残疾人，让他们重新获得活动体验。

例如：在对一位多重残疾、用尿片的年轻人进行排泄护理时，我建议他坐在护理床的外沿。我带着他体验身体平衡。对他来说，头的转向是能保持平衡的核心。有时，他能跟随我的指导，自己调整、改变身体的位置，或是在没有外界支撑下独立地坐几分钟。而有时，他的头会一直向后仰或向前倾，不能靠自己的力量调整姿势。遇到这种情况，我就会轻轻地搂住他的头和上身，告诉他不要急躁，平稳情绪，将注意力集中到自己的身体。多数情况下，他能重新找回头部协助身体的平衡感。

此外，我还帮很多人从定制的轮椅转到普通的椅子上坐。哪怕仅是几分钟，或是一顿饭的时间，却让这些残疾人非常兴奋，如附图1-3和附图1-4。

附图 1-3 英沙·松嫩贝格与被照护者（2）

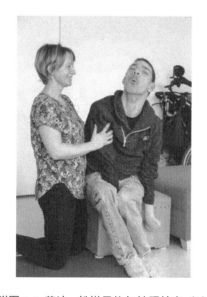

附图 1-4 英沙·松嫩贝格与被照护者（3）

总结

通过研究坐姿，我获得调整坐姿的知识和经验。在将这些知识和经验带入工作的过程中，我需要关注每个人的需求与活动能力，摸索他们的活动潜力，只有这样才能帮助他们在坐姿下更放松、更舒服。我希望在未来，社会能从当前的"坐文化"转向不断探寻身体潜力的"运动文化"。

参考文献：

[1] Sitzen [EB/OL]. [2020-01-08]. https://www.duden.de/ rechtschreibung/sitzen.

[2] EICKHOFF HAJO. Sitzen：Eine Betrachtung der bestuhl ten Gesellschaft [EB/OL]. [2020-01-08]. http://www.hajoeickhoff.de/sitzen/ kultur-des-sitzen.

[3] European Kinaesthetics Association. Kinaesthetics：Lernen und Bewegungskompetenz [M]. Linz：Verlag European Kinaesthetics Association，2017.

作者介绍

附图 1-5 英沙·松嫩贝格

英沙·松嫩贝格（Insa·Sonnenberg），康复治疗护士，运动知觉学培训师，已在汉诺威残疾人协会下属的非营利性日间护理中心工作了 16 年。

不要打扰正常的睡眠

每隔两个小时"吵醒"睡着的老人，曾是机构夜间照护者的工作。但试想，睡眠接连被打断会让人多么恼火和无奈。为什么还要"吵醒"？问题出在工作内容还是护理手法？护士露丝·克诺贝尔（Ruth·Knobel）带领团队，研究如何才能让老人们睡个安稳觉。

预防压疮，不应以降低睡眠质量为代价

从 1982 年至今，我一直从事喜欢的照护工作。目前我在养老机构工作，也值夜班。学习护理专业时，预防被照护者的压疮就是夜班的主要工作职责。学生时代的我就想，每隔两个小时就要被翻身的人，真能休息好吗？有利于保证睡眠质量吗？最初，我也和欧洲大部分护士一样，严格按照照护计划，每两个小时一次巡房，将被照护者的体位从左边 30° 的支撑，转到右边 30°。我一直在想，怎样的手法才能做到两全其美，不惊醒被照护者，又能帮其调整姿势？

常年的摸索，彻底的改变

至今，我已经在施托克山的养护机构工作了 16 年，从最初的护士一直做到院长，现在还是运动知觉的学科带头人。前段时间，附近的机构想向我们借一张防止压疮的床垫和辅具，我们却没有帮上忙。因为我们已经多年未用这种超软的床垫和防压疮的传统辅具，甚至都已经把它从储藏室里移除了。同行的询问让我意识到，这些年，照护手法的确出现了一些变化。

很多年前，我和当时的护理部主任弗里尼·里西一起，将运动知觉学作为员工的必修课程。机构分批对全体照护人员开展初级、中级和高级培训，并培养内训师。此外，机构内还经常开展不同主题的小组学习活动，如预防跌倒、卧床护理、避免暴力冲突等。怎样既防止压疮，又不影响被照护者休息，是睡眠小组的研究内容。

在实践中学习，总结，改变

睡眠小组的定期活动持续了很多年，成员不仅限于夜班工作人员，还有白班的同事。我作为运动知觉学的培训师，经常和大家一起工作。在夜班中观察被照护者的睡眠姿势，与值班护士现场交流，指导护理手法。通过小组定期学习活动，结合实践，夜间护理的主要工作从摆放体位转变到支持姿势活动。

辅具和人员的双重变化

16 年前，我们和大多数护理机构一样，使用防压疮的床垫和支持各种角度的体位垫。当我们转变护理观念，不再是改变被照护者的体位，而是支持其主动参与调整自身的姿势时，机构里确实发生了一系列的变化。

首先，我们不再用任何防止压疮的特殊辅具。这些器材被常年收纳在储藏室，后来因太过占用有限的空间，全部处理掉了。

其次，照护者的工作方式和老人的活动能力都发生了变化。我用了三个晚上和同事们一起工作，通过观察和采访的方式，捕捉到以下几点具体的变化。

1. 不再定时巡视

夜班不再像我最初工作时那样，不顾老人的睡眠质量，定时定点地调整其体位，而是被房间巡查、细心观察，有针对性地提供支持的方式所取代。

2. 细心观察

晚班护士在协助老人入睡时就开始注重老人在床上的姿势，特别是自身活动能力比较弱的老人。晚班和夜班的交接记录中，详细注明了入睡时的姿势和生活习惯。夜班通过仔细观察，对比老人入睡前后的姿势。如果发现姿势已有变动，就不再调整，避免过度的护理动作影响老人休息。但也有一些老人，需要夜班护士按照他们的习惯不断协助调整姿势，才能进入睡眠。

3. 协助姿势活动

睡觉并不是静止不动，而是时常改变姿势，在无意识中调整重心的过程。夜班工作就是协助那些不能或是没有能力主动调整姿势的人"自然"调整。

例如：照护者只需要轻触老人的腿，让老人的身体做出稍微伸展或是向内屈的自然反应。老人睡了一会儿，也很有可能又习惯性地调整回以前的姿势。如果老人手臂在胸前，夜班护士就可尝试轻按其手臂触及胸部，老人就有可能顺势转身，主动调整姿势。很多时候，只需要轻触老人的四肢，就足以协助他们重新调整身体的重心，改变位置。有些老人需要分步支持，从平躺转为侧卧的姿势睡觉；有的则相反，从最初的侧卧调整到平躺的姿势。关键是，护理动作是照护者和被照护者共同完成的，有时很难分清是照护者引导被照护者，还是跟随被照护者的身体活动。无论是姿势还是手法，最根本的原则是，不打扰老人的睡眠。

如附图 1-6 所示，细微差异，效果明显：轻微移动胳膊肘下的垫巾，有助身体调整重心。

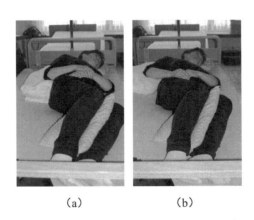

(a)   (b)

附图 1-6 调整移动垫巾前后被照护者的姿势变化

触摸引导，不是唤醒翻身

既要保证老人的睡眠，又要帮助老人调整姿势，避免压疮，这种工作手法堪称照护的艺术。这除了要求照护者具备专业知识外，还需要注重以下几点：

1. 减少噪声

夜班护士尽量穿比较轻、不易出声的鞋，或者穿着袜子进入老人房间工作。调整床的围栏也是噪声的主要来源。一些老人喜欢在睡觉时架起床栏，这让他们有安全感。为了防止在降低床栏时发出的金属摩擦声，照护者完全可以在不降低围栏高度的情况下，轻触老人的身体，协助姿势活动。

2. 减少语言交流

照护者在工作时习惯于告知被照护者即将展开的工作手法和目的。而睡着的老人更希望保持睡眠状态，并不是迷迷糊糊地听照护者的"汇报"。如果碰巧老人醒着，他们当中的大多数也不想讲话或听长篇大论，而是继续睡觉。照护者应该避免和老人的夜间交谈，除非老人确实不想睡，有主动和照护者交流的愿望。

3. 减少光线的刺激

在多数情况下，夜班护士只需透过敞开的房门，借助楼道里的光线就可以观察老人的姿势，或在必要时通过互动调整姿势。

4. 避免温差突变

担心老人着凉，突然拉被子给老人盖上，也是惊醒老人的常见现象。夜班护士通常只需要稍微抬起毯子，给老人一些暗示，有的老人就会主动调整，或者只需盖住身体主要部位即可。

5. 避免打断睡眠

睡眠专家多年前就发现，睡得再熟的人也会因外界持续的打扰或高强度的干扰而醒来。夜班护士需要谨记，并以这一点为工作原则：要尽可能地用最小的力量，轻触睡着的老人，配合他们"自然"地调整姿势。如果照护者的支持手法是和老人主动的意愿相互配合，老人就不会觉得休息受到了干扰或是睡眠节奏被打乱。

6. 尿片的更换

近些年，成人尿片的质量有了大幅改善。尿片的材质吸水性非常强，使用者几乎感受不到潮湿感，这有助于维持老人整宿休息。因此，尿片在夜间改为按需更换。如果尿片侧漏或是有排便，老人还是会醒来，照护者就会协助更换尿片，帮助老人消除这种不愉快的感觉。尽管有些老人没有意识到尿片的问题，训练有素的夜间照护者也能注意到老人的异常和需求，及时提供帮助。

7. 全天候的照护

无论是夜班还是白班，协助老人的日常生活，有针对性地提供支持是照护者的工作。在全体工作人员达成这个共识后，大家要团结协作。白班知道夜班同事怎样协助老人保证睡眠，夜班也能了解老人在白天的活动和生活习惯。通过全体照护者的共同努力，施托克山养护机构很多年没人患过压疮。

8. 避免压疮形成

我们改变了工作方式，取消定时给老人翻身的规定，尽量不打扰老人的睡眠，只协助有需要的老人调整姿势。我们也不再采用超软的床垫和其他辅助用品预防压疮。当我和同行交流时，讲述机构里的老人完全没有压疮，同行们非常羡慕。他们认为，生活在我们这里的老人，身体状况都比较稳定，没有复杂的护理需求。其实，生活在多数护理机构的老人并没有很多不同。我们只是采取了不同的护理手法，有效地避免了压疮的形成。如附图 1-7 和附图 1-8 所示。

附图 1-7 体验：使用辅助措施预防压疮

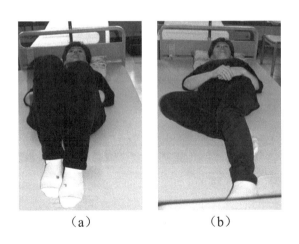

（a）　　　　　　　　　　（b）

附图 1-8 分步调整身体重心

共同探索，提升护理质量

我和同事们一起工作的这些年，遇到过很多复杂的护理案例。这也迫使我们不断学习，精进照护手法。我们发现，生活本身就是一个持续不断的学习过程。终身学习不只适用于生活在护理中心的老人，同样适用于我们。有时我们需要跳出固定的照护规则，关注现状，和老人们一起寻找适合他们的护理方案。一方面，我们积累案例，供学习和研究；另一方面，我们在保证老人睡眠质量的前提下，调整护理手法。在工作现场，我们只需关注正在发生的状况。

最后我想再次强调：支持机构老人健康的睡眠，并不是夜班不去帮老人翻身，而是老人不再被动地翻身。按照运动知觉学的理论，睡眠是一种活动的状态。护理工作是支持被照护者的活动，帮助他们保证睡眠质量。在十几年的工作中，我们通过不断调整获得了一些成功的经验，但我相信，护理学是照护的艺术，很多工作手法和流程有待改进，值得我们继续研究。

作者简介

附图 1-9 露丝·克诺贝尔（Ruth·Knobel）

露丝·克诺贝尔（Ruth·Knobel）护士，运动知觉学三级培训师，在瑞士施托克山养护中心工作。

采访记录

共同协作才能提升照护质量

附图 1-10 受访者：博尔多尼（Diana·Bordoni）

问：您只上夜班？

　　博尔多尼：是的。2006 年前我在精神病院工作。那时，白班护士和夜班护士交替着工作。2006 年我入职施托克山养护机构，最初也倒班。从 2010 年以后，我就只上夜班。

　　问：为什么？

　　博尔多尼：因为我是一个夜猫子。现在的我在夜班中体验到不同以往的照护手法。

　　问：能具体讲讲吗？

　　博尔多尼：最大的感受是我不再主要用体力工作。在精神病院工作期间，我必须定时定点，从一个房间跑到另一个房间，给睡梦中的人翻身或是调整睡姿。现在是完全不同的工作方式，特别是在参加完运动知觉学的课程后，看到老师和同事的照护手法，我能感同身受被照护者被翻身时的反应。专业知识帮助我在实际工作中作出了调整。

　　问：有哪些变化？

　　博尔多尼：我有意识地观察老人的状态，提供差异化的帮助。或者说，我更富有同理心。我开始习惯换位思考：如果我躺在床上，有怎样的需求？转换思维方式后，我更积极主动地工作。这种变化不仅发生在工作中，还贯穿在我怀孕、分娩的个人生活中。现在我有一对双胞胎，照护他们同样让我更耐心、细心。

　　问：您的同事也有变化吗？

　　博尔多尼：是的。我们相互支持，不再有赶时间完成工作的压力。我们更关注工作的内容是如何完成的。我们不再是机械的工作模式，而是针对每一个老人当时的状态，调整工作方式和手法。我们每个人在工作中，都有自主决定的空间。同事之间的相互信任，让我们敢于提出不同观点或建议。例如：我性子急，有时候动作过快；或是协助老人起床时，马上撩起被子等，这时有人能提醒我，我就很高兴。还有，夜班和白班共同组成学习小组，在学科带头人的指导下，我们越来越有能力处理复杂的照护现场。

　　问：博尔多尼女士，感谢您接受我们的采访。

附图 1-11　受访者：博尔（Jacqueline·Boere）

　　问：博尔，您值了多少年夜班？

　　博尔：11 年了。我喜欢夜间工作。

问：这几年您觉得工作内容有变化吗？

博尔：我以前按照流程工作，较少反思工作中的现象。我当时认为，按部就班地完成工作是关键，只要照护好老人就行。那时的夜班工作非常辛苦，我经常腰疼。

问：现在有什么不同？

博尔：我不再紧赶着完成工作。每次去看望老人，我能有时间关注到老人的需求，以便提供帮助。我不再急躁，心态更平和。另外我的腰也不疼了。

问：为什么有这样的改变？

博尔：当我更注重老人需求时，感觉时间充裕，工作还轻松。无论是老人的状态，还是我的工作手法，每时每刻都有可能不一样，这让我觉得兴奋。似乎在每天的工作中都能学到东西，认真思考。有时，我也会习惯性地回到以前的工作状态，同事或是学科带头人就会提醒我慢下来，关注此时的工作内容。

问：这要求你在工作中更有应变能力？

博尔：是的。我改变不了别人，特别是有丰富生活阅历的高龄老人。面对老人的变化和需求，我需要感同身受，调整工作的方式和照护手法。这就如同我每天的心情、想法和要求也会不一样，特别是面对不同的人，不同的事件。老人当然有权要求我们关注他们现在的感受，以做出相应的调整。

问：怎样能发现老人的需求？特别是在夜里。

博尔：当我只是轻轻触摸，引导其身体活动时，有的老人就能在睡梦中翻身，改变姿势。我就能在不打扰老人睡眠的同时完成工作，这让我非常自豪。当然，有时也会弄巧成拙，心里想的和实际的手法不一致，这也正是需要学习和提升的方面。同事们不会斥责我的错误，而是帮助我，和我探讨更好的工作手法。

问：博尔，感谢您接受我们的采访。

附录2 好书推荐

体位转换指南——对护理实践的建议

作者：埃斯特·克莱因-塔罗利

内容简介

该书分为四部分。

第一部分，作者介绍了体位支持的基本知识。

第二部分，作者介绍了支持辅具，以常见的护理工作为基础，展示了其多种应用方式，并提出了使用建议。

第三部分，作者介绍了不同护理领域的体位支持，包括孕产妇、儿童患者、残疾人、神经康复患者及姑息治疗的患者。

第四部分，收集了家庭护理人员对体位支持的看法。

内容节选

作为一线护理人员，我们在护理实践中有很多感受。例如：某些护理工作很简单，如测量体温；而某些护理工作又很复杂，如护理干预措施，或被照护者身体及情感互动的反应。我们往往无法用语言准确描述、交流及解释我们所观察到的、直觉上感知到的东西。

实际上，我们应该可以在每一种确定或不确定的状态下为被照护者提供帮助，促使其健康发展。我们非常明确的是，标准化的护理程序往往是正确的，但并不是最佳的方法。

专家推荐

基于以上经验，埃斯特·克莱因-塔罗利与十几位作者，包括经验丰富的护士与运动知觉学培训师，一起编写了《体位转换指南——对护理实践的建议》一书（见附图2-1），该书的核心内容来自护理实践经验，参考德国第一版《预防压

附图2-1《体位转换指南——对护理实践的建议》封面

疮及护理标准》，从运动知觉学的角度分析这些实践经验，在活动支持、姿势调整以及辅助工具方面为护理工作提供了具体建议。该书图文并茂，也适合有照护经验的非专业人士阅读。

专家对该书的评价是："这不是护理标准，而是一本理论与实践相结合的富有哲思的书，对护理工作有着重要的指导意义。"埃斯特·克莱因 - 塔罗利大大丰富了该书的内容，使之成为一本对护理实践有很高价值的综合参考书。该书的副标题表明，这不是一本体位摆放标准化教程，而是探讨如何根据被照护者的个人情况，选择适合其本人的体位支持方式。

克里斯特尔·伯恩斯谈教授在前言中指出："我希望所有读者都能喜欢这部作品，更重要的是，它能激发大家的动力及创造力，给看似不可能的事情一个机会，使之成为可能。考虑到这一点，我希望该书能在护理实践的各个领域广泛流传。"

合作发展

2021 年埃斯特·克莱因 - 塔罗利与埃斯特·克诺贝尔共同编写了《活动支持基本手册》，该书以理论为主，介绍了从行为控制论到人类生物学，人类科学为护理和健康发展作出的贡献，主要描述了运动知觉学科学原理及护理实践应用结果，适用于进一步的护理职业培训。

以实践为重点的指南与以理论为重点的基本手册相辅相成、相得益彰。

附录 3 压疮预防

预防压疮护理标准

（2017 年第二次更新）

目标

确保每位有压疮风险的患者或养老机构住户都注重预防，防止压疮的发生。

理由

压疮严重影响需要护理的患者或养老机构住户的健康。研究显示，大多数压疮是可以预防的。例外情况包括：护理或医疗的优先次序、健康状况或患者的自我决定权和知情选择。进行系统的风险评估、信息提供、培训和咨询，以及确保预防措施的连续性和评估，对成功预防压疮至关重要。

结构标准	过程标准	结果标准
S1 护士掌握最新压疮知识和评估能力	P1 护士应在护理开始时立即对所有患者进行压疮风险评估，包括初步筛查及必要时的深入评估。评估应随情况变化及时更新	E1 完成对每位患者的最新压疮风险评估
S2a 护士能够计划和管理压疮预防措施 S2b 机构建立压疮预防程序	P2 护士与患者及其亲属（如适用）共同制定了预防计划，并通知护理团队压疮风险及持续预防的重要性	E2 所有护理人员了解并持续更新压疮风险及预防措施
S3a 护士能就活动、皮肤监测和减压措施提供信息和建议 S3b 机构提供必要的培训材料	P3 护士向患者及其亲属（如适用）解释压疮风险，并且进行预防措施的实施和评估	E3 患者及其亲属了解并参与压疮预防措施
S4 护士熟练缓解压力和促进自我运动的措施	P4 护理人员鼓励患者自主活动，并适时协助调整体位以减轻压力	E4 患者自主活动频率提高，有效减轻压力区域
S5a 护士能评估使用减压辅助工具的需求 S5b 确保辅助工具适合患者且立即可用	P5 护士使用适当的减压和分压辅助工具，特别是在患者活动受限时	E5 患者被及时安置在适当的减压和分压辅助工具上
S6a 护士能评估预防措施的有效性 S6b 机构提供评估资源	P6 护士定期评估有风险患者的皮肤状况	E6a 患者无压疮发生。 E6b 辅助工具有效预防压疮